Inhaltsverzeichnis

Bildungsbereiche:

Vorwort

Liebe Erzieher*innen,

Bilderbücher gehören zu den wertvollsten Materialien, die im Kindergarten eingesetzt werden können. Um Bücher intensiv und mit allen Sinnen zu erleben, begleite ich die Geschichten gern mit unterschiedlichen Angeboten.

Das Projekt zu „Das kleine Ich bin ich“ führe ich gern im Kindergarten durch. Auch im Kinderchor wurde die Geschichte von dem kleinen bunten Tier mit Begeisterung angenommen. Immer wieder kann ich erleben, wie stark das Buch die Kinder in seinen Bann zieht und mit welcher Freude sie die begleitenden Aktionen umsetzen. So standen die Kinder schon singend zum *kleinen Ich bin ich* auf einer öffentlichen Bühne oder drehten einen Film zur Geschichte.

Diese Mappe habe ich für Kinder ab zwei Jahren entwickelt. Viele Angebote können auch im Grundschulbereich noch gut eingesetzt werden. Je nach dem Alter der Kinder können Sie die Aufgaben auch variieren. So können Sie z. B. mit 2-jährigen Kindern gemeinsam Silben klatschen, während ältere Kinder das dazugehörige Arbeitsblatt lösen.

Das Projekt bietet abwechslungsreiche Aktionen und Materialien, die den Inhalt der Geschichte aufgreifen. Mit Hilfe des liebevoll gestalteten Bilderbuchs setzen sich die Kinder intensiv mit sich selbst auseinander. Sie erfahren in den unterschiedlichen Themenbereichen, was sie schon alles können, und dass jeder von ihnen einzigartig ist, genau so wie das *kleine Ich bin ich.*

Die zahlreichen Angebote unterstützen die Kinder in unterschiedlichen Bildungsbereichen: Sprachförderung, Musische / Ästhetische Erziehung, Mathematische Bildung, Körpererfahrung und vor allem den Umgang mit Bilderbüchern.

Ich wünsche Ihnen und Ihren Kindern nun viel Freude mit dem Literacy-Projekt
„Das kleine Ich bin ich“.

Tanja Weber

Hinweis zu den Illustrationen in diesem Heft:
Leider war es uns aus lizenzrechtlichen Gründen nicht möglich, im vorliegenden Heft Illustrationen von dem *kleinen Ich bin ich* zu verwenden.

Hinweis:
Aus Gründen der besseren Lesbarkeit wird im Folgenden auf eine sprachliche Differenzierung der Geschlechterbezeichnungen verzichtet. Da die Erzieher*innen in Kindertagesstätten zumeist weiblich sind, haben wir uns hier für die weibliche Form entschieden. Selbstverständlich sind stets alle Geschlechter angesprochen.

Vorbemerkungen und Arbeitshinweise

Zu den verwendeten Symbolen

Bildungsbereiche (jeweils das äußerste Symbol oben rechts auf den Arbeitsblättern):

 Literacy

 Musik

 Ästhetische Erziehung

 Mathematische Bildung

 Körpererfahrung und Bewegung

 Feiern und Feste

 Sozialerfahrungen

Sonstige Symbole:

 für unter 3-Jährige geeignet

 geeignet für Begabtenförderung

Layout:

- Die Seiten mit dem **Frosch** im Layout unten rechts sind für die Erzieherin gedacht.

- Die Seiten mit dem **Schaf** unten rechts sind Arbeitsblätter, die direkt mit den Kindern bearbeitet werden können.

Allgemeine Hinweise zur Organisation und Durchführung

Was ist Literacy?

Der Begriff *Literacy* umfasst neben der Lese- und Schreibkompetenz auch die Erfahrungen mit Texten, mit deren Sinn, der Grammatik, mit der Artikulation und dem Wortschatz.
Die Auseinandersetzung mit Bilderbüchern im Kleinkindalter ist deshalb so wichtig, da hier Dinge wie Textverständnis, Abstraktionsfähigkeit, Ausdauer, Konzentration und Merkfähigkeit trainiert werden, die im Schulalltag eine große Rolle spielen. Darüber hinaus weisen Kinder mit einer umfangreichen Leseerfahrung eine wesentlich höhere Schreib- und Lesekompetenz auf als andere. Sie lernen schneller und leichter, können sich deutlich besser ausdrücken und sich exakter mitteilen. Außerdem kann man Kindergartenkinder durch das Vorlesen schon früh für Bücher begeistern und das Interesse für späteres Selbst-Lesen wecken.
Aus diesen Gründen ist Literacy ein fester Bestandteil der pädagogischen Arbeit geworden. Pädagogische Fachkräfte werden aufgefordert, den Kindern literarische Angebote zu machen, die zu Hause oft zu kurz kommen oder gar fehlen. Außerdem sollten sie Kinder und Eltern motivieren, sich auch außerhalb des Kindergartens mit Literatur auseinanderzusetzen.
Literacy kann über Bilderbuchbetrachtungen, das freie Erzählen, Vorlesen und Nachspielen vermittelt werden.

Tipps zum Vorlesen:

- Sorgen Sie für eine gemütliche Leserunde. Achten Sie darauf, dass die Kinder nicht durch zu viele andere Reize abgelenkt werden.
- Beim Vorlesen sollten die Bildseiten für alle Zuhörer gut sichtbar sein.
- Um Kinder zum aktiven Zuhören zu bewegen, müssen Sie ihre volle Aufmerksamkeit gewinnen: Lesen Sie in unterschiedlichen Stimmlagen (je nach Buchfigur) und mit verschiedenen Emotionen, bauen Sie Geräusche wie Klopfen oder Stampfen ein, fesseln Sie die Kinder mit übertriebener Mimik und lassen Sie Geräusche von den Kindern nachahmen.

- Bringen Sie Spielgegenstände, Stoffe und passendes Material zum Buch mit ein. So wird die Geschichte von den Kindern noch lebendiger erlebt.
- Machen Sie beim Lesen immer wieder Pausen, damit die Kinder die Bilder intensiv betrachten können.
- Regen Sie durch Fragen, die sich auf das Buch oder auf das eigene Leben der Kinder beziehen, immer wieder das Gespräch an. Greifen Sie auch spontane Gedanken der Kinder auf.

Projektmaterial und Raumgestaltung

Das Bilderbuch und die Gegenstände (z. B. Handpuppen, Kuscheltiere, Spielfiguren, Gebasteltes, Tücher für Wiese oder Wasser, Kunststoffblumen ...), die uns während des Projektes begleiten, sollten in einem **Geschichtenkoffer,** auf einem **Erzähltisch** oder einer gestalteten **Fensterbank** zum **Freispiel** zur Verfügung gestellt werden. Dort kann auch ein **Projektordner,** der mit der Zeit mit Arbeitsblättern, Malvorlagen, Spielen etc. gefüllt wird, ausgelegt werden.

Portfolio oder Gemeinschaftsbuch

Die Kinder können ihre ausgefüllten Arbeitsblätter ebenso wie Bilder und Fotos von dem Projekt in einem eigenen Ordner abheften. Am Ende des Projektes nimmt jedes Kind dann seine schönen Erinnerungen mit nach Hause.
Alternativ können Sie mit den Kindern auch ein gemeinsames großes Buch zusammenstellen, in dem neben den einzelnen „Produkten“ der Kinder auch Gemeinschaftsarbeiten gesammelt werden. Dieses Buch kann auch nach Abschluss des Projektes noch längere Zeit im Kindergarten bleiben. Die Kinder können es von Zeit zu Zeit hervorholen und anschauen. Am Ende des Kindergartenjahres nimmt dann jedes Kind seine eigenen Werke mit nach Hause.

Tipps und Anregungen zu den Bildungsbereichen und einzelnen Angeboten

Sprachförderung

Unter anderem werden mit diesem Projekt die Mundmotorik (Lippen, Gaumen, Zunge ...), der Wortschatz und die auditive Wahrnehmung gefördert. Die jeweiligen Lernziele finden Sie direkt bei den einzelnen Angeboten. Sorgen Sie oft für Sprechanlässe und signalisieren Sie durch Rückmeldung oder Nachfragen den Kindern Ihr Interesse. Korrigieren Sie die Kinder nur, indem Sie fehlerhafte Sätze noch einmal richtig wiederholen (z. B.: „Da swimmt der Nilpferd.“ – „Ja, genau, da *schwimmt* das Nilpferd.“) und nicht direkt auf den Fehler hinweisen. Wenn Sie erzählen oder vorlesen, achten Sie auf die Betonung und Deutlichkeit Ihrer Worte. Setzen Sie auch gezielt Ihre Mimik und Gestik ein. Halten Sie Blickkontakt zu den Kindern, um ihnen Ihr Interesse zu zeigen und um ihre Aufmerksamkeit zu erhalten.

Musikalische Bildung

Alle Lieder lassen sich leicht mit den Kindern gemeinsam singen. Ich habe Melodien bekannter Kinderlieder gewählt, damit sie vorher nicht lange eingeübt werden müssen und die Kinder sie ebenso wie die Erwachsenen schnell lernen. Sie können verschiedene Orffinstrumente einsetzen, die das Rhythmusempfinden fördern. Stehen Ihnen nicht genügend Instrumente für alle Kinder zur Verfügung, so können Sie diese nur an jedes zweite oder dritte Kind verteilen. In der nächsten Strophe können die Instrumente dann reihum weitergereicht werden.
Im Teamplay lernen die kleinen Musiker, gegenseitig aufeinander zu achten. Sie agieren also nicht nur für sich allein, sondern spielen gemeinsam mit anderen Kindern dieselben Rhythmen. Außerdem müssen sie aufpassen, wann ihr Einsatz ist, wenn gerade eine andere Kindergruppe auf den Instrumenten spielt.
Alle Lieder lassen sich auch als Verse sprechen.

Ästhetische Erziehung

In der Projektmappe finden Sie Vorschläge zu Basteltechniken mit unterschiedlichen Materialien.
Bevor die Kinder mit dem Basteln beginnen, kann ihnen gern ein fertiges „Endprodukt“ gezeigt werden, damit sie eine Vorstellung von den jeweiligen Arbeitsschritten bekommen. Die Vorlage muss dann aber wieder beiseitegelegt werden, da Kinder diese gerne nachahmen und auf diese Weise verhindert wird, dass die Kinder ihre eigenen, ganz individuellen Werke gestalten.

zu: „Memo-Spiel", S. 30:
Kopieren Sie die Memo-Spielkärtchen zweimal, kleben Sie sie auf Tonkarton und schneiden Sie diese aus. Immer zwei Kinder tun sich zusammen. Sie erhalten jeweils zwei gleiche Karten und die Aufgabe, diese in genau derselben Farbe auszumalen.
Beim Ausmalen lernen die Kinder, in der Begrenzung zu bleiben und üben die korrekte Stifthaltung. Beim Ausmalen müssen die Kinder sich auf gleiche Farben einigen, sich verbal mit dem Partner auseinandersetzen und als Team zusammenarbeiten.

Weitere Ideen:
- Das *kleine Ich bin ich* nähen (Anleitung s. vorne / hinten im Bilderbuch)
- Das *kleine Ich bin ich* als Marionette gestalten
- die Geschichte als großes Gemeinschafts-Riesenbuch gestalten, an dem alle Kinder mitarbeiten
- gemalte Tiere mit Kunstfellen bekleben

Mathematische Bildung
zu: „Verbinde die Zahlen", S. 34:
Erklären Sie den Kindern, wie „Malen nach Zahlen" funktioniert. Zum Schluss wird das Bild bunt ausgemalt.

zu: „Wie viele Tiere zählst du?", S. 34:
Fordern Sie die Kinder dazu auf, erst die Tiere zu zählen und dann eine Linie zur richtigen Zahl zu ziehen.

zu: „Wie viele Blumen zählst du?", S. 35:
Erklären Sie den Kindern, dass sie die Blumen zählen und dann die richtige Zahl in die Kästchen schreiben sollen. Nach dem Lösen der Aufgabe wird das Bild bunt ausgemalt.

zu: „Zahlenweg", S. 35:
Erklären Sie den Kindern, wie das kleine Nilpferd zu seiner Mama kommt: Es muss die richtige Zahlenfolge von 1 bis 10 wandern. Haben die Kinder den richtigen Weg mit einem Stift nachgezeichnet, können sie das Bild bunt anmalen.

Körpererfahrung und Bewegung
Die sportlichen Spiele fördern die Bewegungskoordination, die Grobmotorik und die Konzentration. Die Massagegeschichte und die Fantasiereise entspannen den Körper der Kinder und lassen sie zur Ruhe kommen.

Ideen für Umwelt- und Naturerfahrungen
- Möchten Sie das Projekt noch weiter ausarbeiten? Dann wählen Sie ein Tier aus dem Bilderbuch aus und widmen Sie ihm einen Thementag. Sie können z. B. Wissenswertes aus Tierlexika oder Sachbüchern erzählen und gemeinsam mit den Kindern eine Collage zu dem Tier gestalten.
- Vielleicht haben Sie die Möglichkeit, einen Bauernhof zu besuchen. Nehmen Sie dazu auch das selbst genährte kleine bunte Tier (s. o.) mit, um es gemeinsam mit den „echten" Tieren zu fotografieren.
- Wie wäre es mit einem Haustier-Tag? Die Kinder erhalten die Aufgabe, zu Hause ein DIN-A4-Blatt mit Informationen zu ihrem eigenen Haustier zu gestalten. Das Tier können sie malen oder fotografieren, ggf. den Namen hinzuschreiben und (mit Hilfe der Eltern) die folgenden Fragen „beantworten": Wo schläft das Tier? Was frisst es? Was macht mein Tier so besonders? Warum ist es einzigartig? …
  Wenn ein Kind kein Haustier hat, kann es das Tier eines Freundes oder Nachbarn beschreiben.
  Die Bilder und Fotos von den Haustieren werden anschließend wieder eingesammelt und im Projektkreis vorgestellt.

CD-Tipp:
Zu dem Literacy-Projekt eignet sich die CD zum Bilderbuch sehr gut:
- Das kleine Ich bin ich & Das kleine Hokuspokus, Mira Lobe, JUMBO Neue Medien & Verlag, ISBN 978-3-8337-2927-0

Einführung in das Thema – Bilderbuchbetrachtung (ab 2 Jahren)

Material:
Bilderbuch, Sitzkissen, Geschichtenkoffer (oder gestaltete Kreismitte), ein selbst genähtes *kleines Ich bin ich* (s. S. 5), zur Geschichte passende Kuscheltiere oder Handpuppen, Materialien für die unterschiedlichen Szenen (z. B. grüne und blaue Tücher für die Wiese und das Wasser, Seifenblasen)
Möchten Sie noch mehr ins Detail gehen, können Sie z. B. folgende Dinge bereitlegen: Kunstblumen, Mond und Sterne aus Tonpapier, weiße Filzwolke, Häuser aus Kartons oder Bausteinen

Vorbereitung:
Alle Gegenstände, die während des Lesens benötigt werden, liegen griffbereit. Sie sollten aber für die Kinder noch nicht sichtbar sein. Verstecken Sie alles in einem abgedeckten Karton oder unter einem Tuch, das steigert die Spannung.
Die Kinder machen es sich auf den Sitzkissen gemütlich. Damit sie gut zuschauen können, setzen sie sich im Halbkreis um Sie herum.

Arbeitsanleitung:
Zu Beginn müssen Sie den Kindern unbedingt erklären, wie mit einem Bilderbuch umgegangen wird. Oft wissen die Kinder nicht, wie umgeblättert wird oder werfen das Buch achtlos in die Lesekiste. Erklären Sie den Kindern, wie wertvoll Bücher sind, und dass ihre Worte wie Schätze für unsere Fantasie sind.
Um die Kinder zum aktiven Zuhören zu bewegen, sollten Sie die Vorlesetipps von S. 3 / 4 berücksichtigen.
Zeigen Sie den Kindern zuerst einmal das Cover des Bilderbuchs. Warten Sie ab, ob sich schon manche Kinder dazu äußern. Vielleicht ist die Geschichte ja auch dem ein oder anderen Kind bereits bekannt.
Beginnen Sie dann mit dem lebhaften Vorlesen: Öffnen Sie bei der ersten Szene den Koffer und lassen Sie das selbst genähte *kleine Ich bin ich* über die Wiese wandern. Vorgelesen und gespielt erleben nun alle Kinder die Geschichte.

Nachdem wir das Buch schließen, steht der Koffer (bzw. die gestaltete Mitte) mit all seinen Tieren und Materialien den Kindern zum Freispiel zur Verfügung.
Auch das Bilderbuch liegt zum Anschauen bereit.
Wecken Sie in der Abschlussrunde die Neugierde der Kinder auf den kommenden Tag. Singen Sie einige Lieder (s. S. 20 – 23) oder erzählen Sie den Kindern von geplanten Spielen oder Bastelaktionen.

So geht es weiter:
Verteilen Sie am nächsten Tag die Stofftiere und das Spielmaterial an die Kinder. Holen Sie dann das Buch hervor. Nun wird die Geschichte von den Kindern gespielt. Immer passend zur jeweiligen Szene werden die Tiere in die Kreismitte gesetzt. Lesen Sie nicht alle Textpassagen, sondern animieren Sie die Kinder dazu, die Geschichte in eigenen Worten wiederzugeben. Hierzu können Sie ihnen Tipps geben oder Fragen stellen, wie z. B.:
„Wisst ihr noch, wie viele Pferde auf der Wiese standen?"
„Wem gehörte der bunte Schwanz, der vom Baum herunterhing?"
Der Vers, in dem das *kleine Ich bin ich* sich fragt, wer es ist, können alle gemeinsam sprechen.

Hinweis:
Bauen Sie einige Lieder erst ab dem zweiten Projekttag mit in die Geschichte ein. Das Buch sollte erst einmal allen Kindern gut bekannt sein, bevor die Geschichte weiter ausgebaut wird.

Der Plapperhund (ab 3 Jahren)

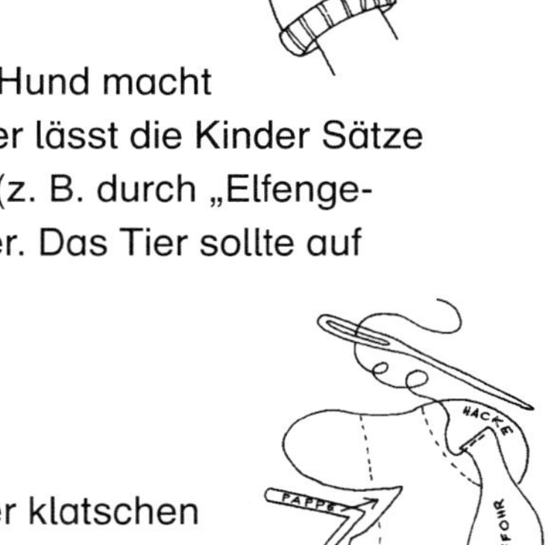

Material:
Bilderbuch, Sockenhund (oder Handpuppe)

Spielanleitung:
Lassen Sie den Sockenhund einzelne Szenen aus dem Bilderbuch vorlesen. Der Hund macht dabei z. B. Fehler, zeigt auf bestimmte Dinge, die die Kinder benennen sollen, oder lässt die Kinder Sätze zu Ende führen. Übertreiben Sie beim Vorlesen mit Mimik, Gestik und Stimmlage (z. B. durch „Elfengeflüster", Robotersprache …) – denn so erhalten Sie die Aufmerksamkeit der Kinder. Das Tier sollte auf Augenhöhe mit den Kindern sprechen.

Ideen zur Sprachförderung / Lernziele:
Anlaute: „*R*eifenblasen" statt „Seifenblasen"
Silben / Sprechrhythmus: Der Hund zeigt auf Dinge im Bilderbuch und die Kinder klatschen die Silben: Blu-men-wie-se. Die Erzieherin fragt: „Wie oft habt ihr geklatscht?"
Reimwörter: Der Hund beginnt einen Satz, den die Kinder am Ende mit dem passenden Reimwort beenden.

Hinweise:
Wenn Sie eine Handpuppe verwenden, dann sollte diese einen beweglichen Mund haben, damit sie authentischer wirkt.

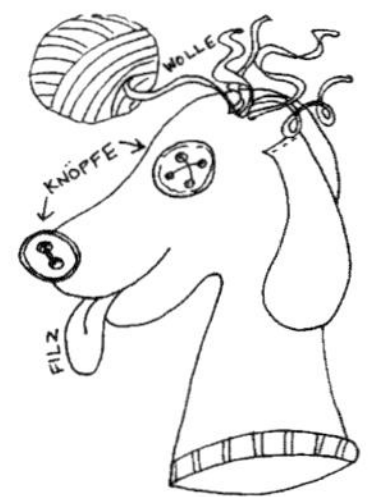

Erweiterung:
Jedes Kind gestaltet seinen eigenen Sockenhund (aus einer Socke, mit Wollhaaren, Stoffohren, Knopfaugen, einer Nase …) und kann mit ihm auch einmal die Spielleitung übernehmen.

Gesichtsgymnastik (ab 3 Jahren)

Material:
Kopiervorlage „Gesichtsgymnastik" (s. S. 8), Tonkarton, Kleber, Schere

Vorbereitung:
Kleben Sie die Kopie auf Tonkarton und schneiden Sie die Kärtchen aus.

Spielanleitung:
Die Karten werden verdeckt auf den Tisch gelegt. Ein Kind nach dem anderen dreht eine Karte um und ahmt die entsprechende Bewegung nach. Zum Kennenlernen des Spiels sollten Sie die Kinder bei den Bewegungsabläufen unterstützen. Wenig später können die Kinder die Übungen schon alleine machen.

Erweiterung:
Jedes Kind kann eine Kopie der Karten erhalten und sie in einer Klarsichtfolie in seinem Schnellhefter aufbewahren. So können die Kinder damit eigenständig trainieren.

Lernziele:
Dieses Spiel aktiviert viele Gesichtsmuskeln. Lippen, Zunge und Atmung werden trainiert, der Tonraum wird erweitert und die Stimme gestärkt. Die Gesichtsgymnastik eignet sich auch besonders gut als „Aufwärmübung" vor dem Singen.

Kopiervorlage „Gesichtsgymnastik“

Spiel: Fische in den Teich (ab 3 Jahren, für 2 bis 4 Spieler)

Material:
Kopiervorlage „Spielfeld: Fische in den Teich“ (s. S. 10), Kopiervorlage „Fische“ (s. u.), Spiegelfolie, Tonpapier, Strohhalme, zwei Federn in unterschiedlichen Farben, kleiner Wattebausch, Nadel, Faden, Würfel, Spielfiguren, kleine Box, Kleber, Schere, evtl. Tonkarton

Vorbereitung:
Das Spielfeld wird auf DIN A3 vergrößert und kann von den Kindern bunt ausgemalt werden. (Gleiche Aktionsfelder sollten in den gleichen Farben angemalt werden.) Das Spiel bleibt länger haltbar, wenn Sie es auf Tonkarton kleben.
Auf das Wasser wird ein Stück Spiegelfolie geklebt. Übertragen Sie zehn Fische auf Tonpapier, schneiden Sie diese aus und legen Sie diese in den Fluss. Die Federn werden an den Papagei angenäht (nicht geklebt – so bleiben sie beweglich). Der Wattebausch wird vor jedem Pusten an den Tischrand gelegt und die Strohhalme werden in der Mitte durchgeschnitten. Das Spielmaterial sollte in einer kleinen Box aufbewahrt werden.

Spielanleitung:
Jedes Kind erhält einen eigenen Strohhalm und setzt seine Figur auf das Startfeld. Die Kinder würfeln reihum und führen auf jedem Feld die entsprechenden Aktionen aus. Es wird so lange gespielt, bis alle zehn Fische im Teich angekommen sind. Dafür durchlaufen die Spielfiguren der Kinder das Spielfeld ggf. mehrmals.

Aktionsfelder:

Ahme die Geräusche nach!

Hauche deinen Atem auf das Wasser, bis die Folie beschlägt.

Sauge einen Fisch mit deinem Strohhalm an und transportiere ihn zum Teich.

Puste die zwei Federn mit einem „Pa-Pagei“ an, sodass sie sich bewegen.

Schnarche dich 5 x in den Schlaf!

Puste die Seifenblase (Wattebausch) zum Frosch.

Kopiervorlage „Fische“

Hinweis:
Je nachdem, wie viele Fische Sie den Kindern zur Verfügung stellen, kann die Spielzeit verkürzt oder verlängert werden.

Lernziele:
Die Mundmotorik wird trainiert. Offenes Näseln wird durch Pusteübungen verbessert.

Kopiervorlage „Spielfeld: Fische in den Teich“

Quatschsätze (ab 3 Jahren)

Material:
Bilderbuch

Spielanleitung:
Sprechen Sie Sätze, in denen ein Fehler eingebaut ist. Den Kindern muss im Vorhinein gar nicht gesagt werden, dass Sie Quatschsätze bilden; darauf kommen sie oft laut lachend selbst. Nehmen Sie das Buch zur Hand, schlagen Sie die erste Seite auf und erzählen Sie z. B.: „Das kleine Tier geht auf der Blumen**l**iese spazieren." „Der Krabbelkäfer ist so schön **blau.**" „Der Schmetterling hat **sechs** Flügel." „Das Kleine Ich steht **hinter** dem Marienkäfer." **„Der** Blume ist so hübsch." …

Hinweise:
Sie können ganz unterschiedliche Fehler einbauen, z. B. in der Grammatik, im Satzbau oder bei den Präpositionen. Anschließend können Sie weitere Bilder aus dem Buch zeigen und fragen, welchen Kindern dazu Quatschsätze einfallen. Auch kann ein Kind Ihren Platz einnehmen und die „Leseleitung" übernehmen.

Lernziele:
Schulung der auditiven Wahrnehmung und des differenzierten Zuhörens

Ich sehe was, was du nicht siehst (ab 2 Jahren)

Material:
Kopiervorlage „Ich sehe was, was du nicht siehst" (s. S. 12)

Vorbereitung:
Kopieren Sie das Suchbild für alle Kinder. Ggf. können Sie die Kopien auch laminieren, dann sind sie länger haltbar und können immer wieder zum Einsatz kommen.

Spielanleitung:
Die Kinder schauen sich erst einmal das Bild an. Wahrscheinlich wird eine spontane Gesprächsrunde entstehen.
Nach einiger Zeit sagen Sie: „Nehmt bitte die Hände auf den Rücken, denn ich stelle euch jetzt Aufgaben zu diesem Bild, die ihr in Worten lösen sollt. Zeigt nicht mit dem Finger auf die gesuchten Bilder."
Stellen Sie den Kindern nun unterschiedliche Suchaufgaben, wie z. B.: „Wer schnuppert gerade an einer Blume?" „Welches Tier ist in Wirklichkeit grau?" „Wer steht neben dem Pferd?" Die Kinder werden meist in Zweiwortsätzen antworten, wie z. B.: „Der Hund."
Für kleine Kinder ist das auch in Ordnung, aber weisen Sie ältere Kinder darauf hin, dass Sie sich einen ganzen Satz wüschen, wie z. B.: „Der Hund schnuppert gerade an einer Blume."

Erweiterung:
Nach der Einführung des Suchspiels können sich jeweils zwei Kinder zusammen einen ruhigen Platz suchen und „Ich sehe was, was du nicht siehst" zu zweit spielen.

Lernziele:
Erweiterung des Wortschatzes, Förderung der visuellen Wahrnehmung, der Wortfindung, des sprachlichen Ausdrucks, Verbesserung des Satzbaus und des Redeflusses

Kopiervorlage „Ich sehe was, was du nicht siehst“

Geschichte erfinden (ab 4 Jahren)

Material:
Geschichtenkoffer (oder gestaltete Mitte) mit Tieren und Material (z. B. blaues Tuch → Wasser, Kunstblumen, Mond aus Tonkarton, weiße Filzwolke ...) des Projektes

Vorbereitung:
Alle Gegenstände werden in die Kreismitte gelegt.

Spielanleitung:
Die Kinder setzen sich im Kreis um den Geschichtenkoffer bzw. die gestaltete Mitte herum.
Beginnen Sie dann zu erzählen:

„Wie ihr euch erinnert, weiß das bunte Tier nun endlich, wer es ist. Es ist überglücklich und zufrieden. Fröhlich geht das *kleine Ich bin ich* auf der Blumenwiese spazieren, als plötzlich … (einen Gegenstand aus der Mitte nehmen, z. B. den Papagei) … der Papagei angeflogen kommt.
Traurig landet er neben dem *kleinen Ich bin ich:*
„Hallo buntes Tier! Kannst du mir bitte, bitte bei meiner Suche helfen? Ich habe meine allerschönste Schwanzfeder verloren."
Gerade möchte das *kleine Ich bin ich* antworten, als plötzlich ...
Ja, was? Wie könnte die Geschichte weitergehen? Wer hat eine Idee?"

Ein Kind wählt das nächste Tier oder einen Gegenstand aus und erzählt die Geschichte weiter. Bei dem Wort „plötzlich" darf es sich das nächste Erzählkind aussuchen.

Hinweise:
Die Geschichte kann selbstverständlich mit Ihren eigenen Ideen auch ganz anders beginnen. Es gibt immer Kinder, die bei dem freien Erzählen lieber passiv dabei sind und trotz neugieriger Aufmerksamkeit nicht selbst sprechen möchten. Lassen Sie diese Kinder zuschauen oder stellen Sie ihnen eventuell Fragen, auf die sie mit Nicken oder Kopfschütteln antworten können.

Erweiterung / Vertiefung:
Die Kinder können am Ende ihrer Geschichte ein Szenenbild zu ihrer eigenen Erzähl-Idee malen. Nehmen Sie sich später die Zeit, auf jedes Blatt die Idee des jeweiligen Kindes aufzuschreiben. Das sind schöne Erinnerungen für die Kinder, die im Projektordner gesammelt werden können.

Lernziel:
Dies ist vor allem das freie Sprechen. Verbessern Sie keine Sätze, um den Erzählmut der Kinder nicht zu hemmen.

Hör-Memo-Spiel (ab 3 Jahren)

Material:
Kopiervorlage „Geräuschekarten“ (s. S. 15), Schere, Kleber, Tonkarton

Vorbereitung:
Kopieren Sie die Geräuschekarten zweimal, kleben Sie diese auf Tonkarton und schneiden Sie sie aus.

Hinweis:
Die vorliegenden Karten reichen für 20 Kinder aus: 18 Kinder erhalten eine Bildkarte, zwei Kinder erraten die Geräusche. Je nachdem, wie viele Kinder mitspielen, müssen Sie vor dem Spiel die passende Anzahl Karten vorbereiten, also Kartenpaare aussortieren oder nachkopieren.

Spielanleitung:
Vor der ersten Spielrunde werden alle Karten mit ihren dazugehörigen Geräuschen erklärt. Nun gehen zwei Kinder vor die Tür. Mischen Sie die Karten und verteilen Sie diese an die übrigen Kinder. Alle Kinder üben kurz ihr Geräusch, prägen es sich ein und verstecken das Kärtchen in ihrer Hosentasche. Dann stellen sich alle Kinder in einen Kreis. Die beiden Kinder werden von draußen wieder in den Raum geholt. Abwechselnd berühren sie nun ein Kind nach dem anderen, das jeweils sein Geräusch vorträgt.
Ist ein gleiches Geräuschepaar gefunden worden, holen die beiden jeweiligen Kinder die Karten hervor und setzen sich hin. Es wird so lange gespielt, bis alle Paare herausgefunden wurden.

Variante:
Schwieriger wird es, wenn die „Ratekinder“ den Raum betreten und alle anderen Kinder gleichzeitig mit ihren Geräuschen beginnen.

Lernziele:
Förderung der auditiven Wahrnehmung und der Merkfähigkeit, Schulung des differenzierten Zu- oder Heraushörens

Kopiervorlage „Geräuschekarten“

QUAAAAAK	 SCHNALZEN	 SSSSSSSSS
 MUUUHHH	 MÄÄÄHHH	 MECK MECK MECK
 BLUBB BLUBB	 WAU WAU	 KRAH KRAH

bitte 2 x kopieren

Mundmotorik-Geschichte „Das bunte Tier geht spazieren“ (1) (ab 3 Jahren)

Hinweis:
Dieses Angebot sollte erst durchgeführt werden, wenn das Buch bereits gut bekannt ist. Sprechen Sie vorweg das Thema „Sport“ an und fragen Sie die Kinder, was Sport für sie ist. Erklären Sie dann, dass mit der folgenden Geschichte der Mund trainiert wird. Auch er hat viele Muskeln, denen es gut tut, sich regelmäßig zu bewegen.

Das bunte Tier geht spazieren

Text	Bewegungen
Das *kleine Ich bin ich* geht auf der Wiese spazieren. Überall blühen schöne Blumen. Um sie besser sehen zu können, pustet das bunte Tier sich seine Ponyfransen aus der Stirn.	*zur Stirn pusten*
Die Grashalme kitzeln das Tier an den Stampferbeinchen.	*Oberlippe überstülpt Unterlippe, nach unten pusten*
Eine kleine Biene kommt angeflogen,	*summen*
Sie setzt sich auf eine Blume und freut sich schon auf den leckeren Nektar.	*Zunge umkreist die Lippen*
So viel leckerer Nektar! Die Biene stopft sich den Mund voll.	*Wangen aufpusten, dabei bleibt der Mund geschlossen*
Dann beginnt die Biene zu naschen.	*schlucken und kauen, mit einem „Mmmhhh“ im Wechsel*
Unser buntes Tier beobachtet die Biene und spaziert dann fröhlich weiter. Schlafend im Gras entdeckt es den Laubfrosch.	*schnarchen*
Das *kleine Ich bin ich* pflückt sich eine Pusteblume und pustet die Samen zum Frosch.	*pusten*
Davon wird der Frosch wachgekitzelt und versucht, die Samen aus seinem Gesicht zu pusten.	*fffff (lang)* *f - f - f - f - f (kurz) – im Wechsel*
„Lass mich doch weiterschlafen“, quakt der Frosch. „Ich bin so müde.“	*gähnen*
Er legt sich wieder ins grüne Gras und schläft sofort ein.	*durch die Nase Luft holen, aus gepressten Lippen wieder herausblasen*
Das *kleine Ich bin ich* wandert nun zur Pferdeweide. Schon von weitem hört es die Pferde traben.	*schnalzen*
Das Pferdekind läuft vor seiner Mutter davon und wiehert: „Du fängst mich nicht!“ Frech streckt es die Zunge heraus.	*bääähhh – Zunge herausstrecken*
Doch die Pferdemutter hat ihr Kind schnaubend eingeholt	*Lippenflattern*
und küsst es auf die Mähne.	*mit spitzen Lippen küssen*
„Hallo ihr beiden“, sagt das bunte Tier, „so schnell wie ihr kann ich nicht laufen. Doch rudern, das kann ich.“ Das bunte Tier hat am Ufer nämlich ein Boot entdeckt. Es setzt sich hinein und fährt los, die Wellen tragen es auf das Wasser hinaus.	*schschsch*

Mundmotorik-Geschichte „Das bunte Tier geht spazieren“ (2)

Sollten die Kinder an dieser Stelle bereits etwas unkonzentriert sein oder haben Sie das Gefühl, dass die Geschichte zu lang ist, dann kann sie an dieser Stelle unterbrochen werden. Mundmotorik kann sehr anstrengend sein. Machen Sie die Kinder aber auf die Fortsetzung der Geschichte neugierig: „Wen wird das Tier morgen treffen? Was könnte es erleben? ...“

Text	Bewegungen
Von weitem schauen die Kuh, das Schaf und die Ziege dem kleinen bunten Tier hinterher. Dabei schieben sie in ihrem Maul kauend Gras hin und her.	*Zunge drückt abwechselnd gegen beide Wangen*
Viele bunte Fische strecken ihre Köpfchen aus dem Wasser.	*Fischmund 1: Mund öffnet sich mit lautem Lippenknallen*
Sie zeigen ihren lustigen Fischgruß.	*Fischmund 2: Wangen einsaugen, dabei die Lippen auf und zu machen*
Das bunte Tier möchte sie gerade zurückgrüßen, da erscheint ein Nilpferd. Es ist durstig und nimmt ein paar große Schlucke aus dem Wasser.	*schlürfen*
Das *kleine Ich bin ich* rudert an das Ufer. Dort trifft es auf einen plappernden Papageien, der seinen Schnabel nicht still halten kann.	*den Mund mit spitzen Lippen schnell öffnen und schließen*
Mit seinen Dackelohren fliegt das bunte Tier ein wenig mit dem Papagei umher. Es wird dunkel. Das *kleine Ich bin ich* legt sich auf eine weiße Wolke, doch es friert	*Zähne klappern*
und friert,	*b - b - b - b - b*
ihm ist so kalt.	*Lippenbrummen*
Doch dann deckt das Tier sich mit der weißen Wolke zu und schläft ein.	*leise ein Schlaflied summen*
Am nächsten Morgen begegnet das *kleine Ich bin ich* einen Rudel Hunde. Gegenseitig knurren sie sich an.	*grrrrrr*
Wild fletschen sie die Zähne.	*Zunge umkreist obere und untere Zähne*
Das bunte Tier wandert weiter, grimmige Hunde mag es nicht. Plötzlich sieht es viele bunte Seifenblasen. Sie schweben auf und ab,	*Zunge fest an Gaumen und hinter untere Zähne drücken*
sie schweben noch höher und noch tiefer,	*Zunge zur Nasenspitze und zum Kinn*
sie schweben hin und her.	*Zunge von einem Mundwinkel zum anderen*
Ab und zu zerplatzen kleine und große Blasen.	*mit einem „P“ leises und lautes Lippenplatzen*
Das *kleine Ich bin ich* sieht sich selbst in einer Seifenblase, schaut sich seinen Mund an und sagt: „Die Reise mit dir war toll.“	*Finger streicheln die Lippen*

Reimworte (ab 4 Jahren)

Was reimt sich hier? ✏ Verbinde.

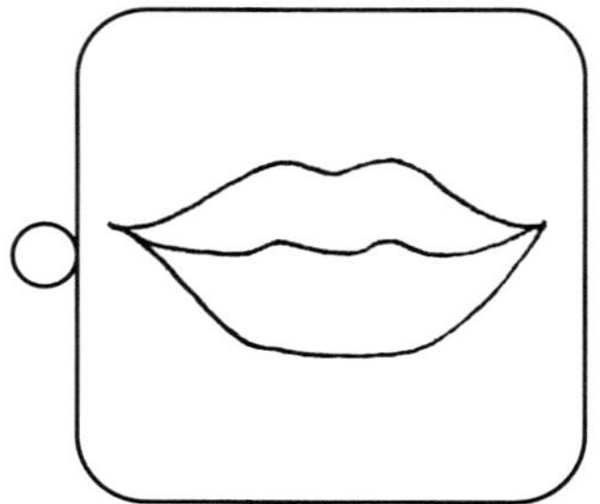

Silben klatschen (ab 5 Jahren)

Wie oft klatschst du? Kreise die Hände ein.

Aufwärmlied: „Ponyfransen, Dackelohr“ (ab 3 Jahren)

Melodie: „Head, Shoulders, Knees and Toes“ („Kopf und Schulter, Knie und Fuß")

Text	Bewegungen
Ponyfransen, Dackelohr, Dackelohr. Ponyfransen, Dackelohr, Dackelohr.	*Haare wuscheln, Ohren streicheln*
Stampferbeine,	*4 x abwechselnd stampfen*
dicker runder Bauch,	*kreisförmig über den Bauch reiben*
Flatterschwänzchen hab ich auch, hab ich auch.	*mit dem Po wackeln*

Bewegungsanleitung:
Wir stehen im Kreis und lernen das Lied erst einmal kennen. Wir singen und bewegen uns zunächst nur ganz langsam. Je öfter wir das Lied wiederholen, desto schneller werden wir.

Erweiterung:
Singen Sie das Lied auf Tonsilben: „La-la-la“ / „Du-du-du“ / „Ne-ne-ne“ … und führen Sie dazu die Bewegungen aus. Das bereitet den Kindern immer große Freude.

Erweiterung mit Instrumenten (ab 4 Jahren):
Das Lied kann mit Klangstäben oder Boomwhackers® im Teamplay gespielt werden. Dazu werden die Kinder in drei Klanggruppen eingeteilt. Sie benötigen jeweils zwei Farbscheiben in den Farben Rot, Blau und Gelb. Legen Sie vor jede Gruppe eine Scheibe in einer anderen Farbe und die restlichen drei Farbscheiben vor sich selbst:
1. Gruppe: Rot – Ton C / 2. Gruppe: Blau – Ton G / 3. Gruppe: Gelb – Ton F

Wenn Sie nun die vor sich liegenden Farben antippen, weiß die jeweilige Kindergruppe, wann sie spielen soll. Sie können auf den Bildtext (s.u.) vergrößert kopieren und die Felder in den entsprechenden Farben leicht ausmalen. Dann sind die Kinder bald dazu in der Lage, das Lied allein auf den Instrumenten zu begleiten.

Lernziele:
Rhythmik, Gehör und Konzentration werden trainiert. Das Teamplay macht den Kindern Spaß und fördert das Zusammengehörigkeitsgefühl.

C C Ponyfransen,	C Dackelohr,	C Dackelohr.	C C Ponyfransen,	G Dackelohr,	G Dackelohr.

C C Stampferbeine,	F F dicker runder Bauch,	G G Flatterschwänzchen	C C hab ich auch, hab ich auch.

Lied: „Buntes Tierchen“ – auf der Ukulele (ab 3 Jahren)

Melodie: „Bruder Jakob“

II: Buntes Tierchen, :II   II: schläfst du noch? :II
Der Mond, der ging schon unter,
die Sonne scheint so munter.
II: Wach doch auf! :II

Material:
Ukulele, ggf. Klangstab, Xylofon oder Boomwhackers®

Durchführung:
Das Lied wird erst einmal gesummt. Dann fragt die Erzieherin: „Habt ihr es erkannt? … Das könnt ihr sogar auf der Ukulele spielen. Es ist ganz einfach. Dafür braucht ihr nur euren Zeigefinger.“
Das Lied wird nun in Begleitung der Ukulele auf „lalala“ gesungen. Der Text folgt später, damit das Augenmerk der Kinder erst einmal nur auf dem Instrument liegt. Nachdem sie dann das Lied gelernt haben, dürfen die Kinder es auf der Ukulele begleiten.

Hinweise:
II: :II bedeutet Wiederholung, der Akkord auf der Ukulele ist D-Dur. (Zeigefinger im 3. Bund auf die unterste Saite) Dieses Lied kommt nach der Nachtseite zum Einsatz und kann auch mit nur einem Ton auf einem Klangstab, Xylofon oder Boomwhackers® begleitet werden.

Lied: „Buntes Tierchen“ – auf dem Xylofon (ab 4 Jahren)

Melodie: „Bruder Jakob“

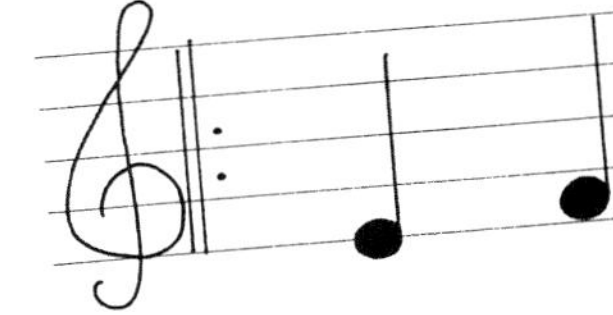

Material:
Xylofone, Kopiervorlage „Buntes Tierchen – Meine Noten zum Xylofon“ (s. S. 22)

Durchführung:
Malen Sie die Noten auf der Kopiervorlage passend zu den Farben auf dem Xylofon an. Die Kinder können nun anhand der Partitur das Lied nachspielen.
Ideal ist es, das Stück in vier Gruppen einzuteilen. Hierzu zerschneiden Sie die Notenfolge in vier Teile und legen Sie vor den Kindern ab. Wer mag, kann später das ganze Lied noch einmal für sich spielen.

Erweiterung:
Kopieren Sie die Partitur auf DIN A3 hoch und malen Sie die Noten in den entsprechenden Farben an. Dieses Plakat kann an der Wand aufgehängt werden. Die Kinder erhalten eine DIN-A4-Kopie der Partitur in Schwarz-Weiß und malen ihre Noten selbst in den passenden Farben an.

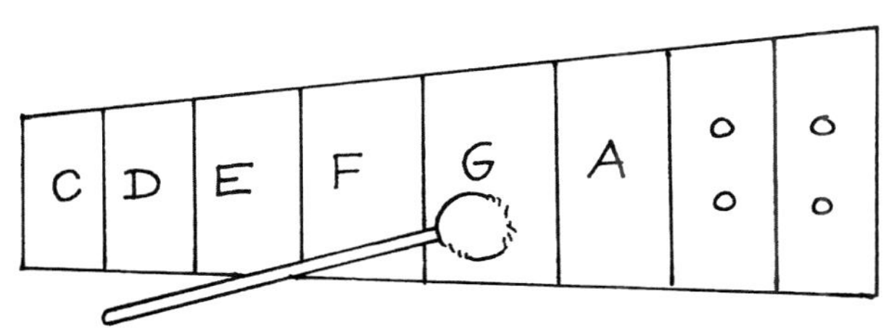

Kopiervorlage „Buntes Tierchen – Meine Noten zum Xylofon“

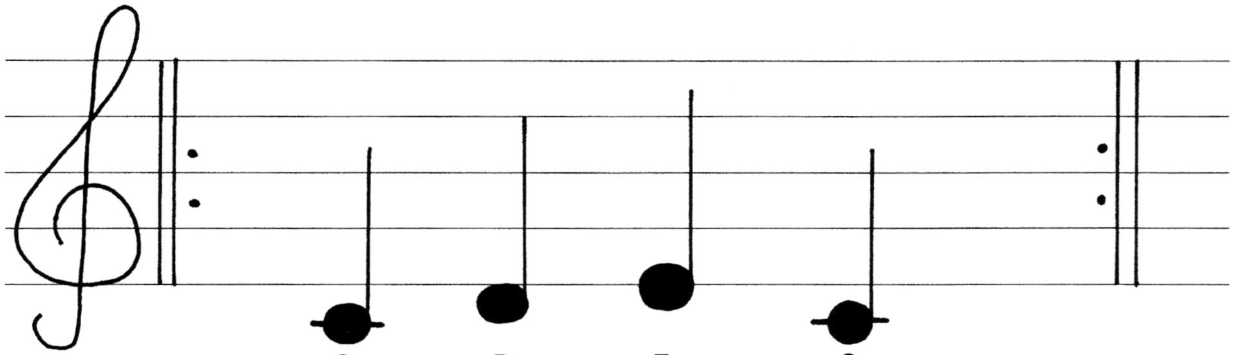

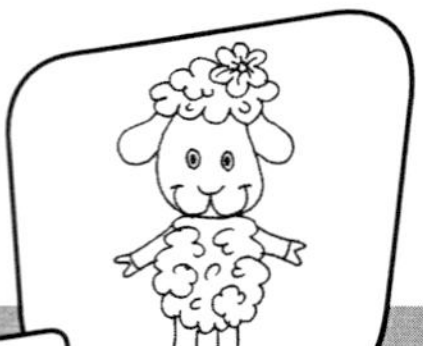

1. Gruppe
C D E C
Bun - tes Tier - chen,

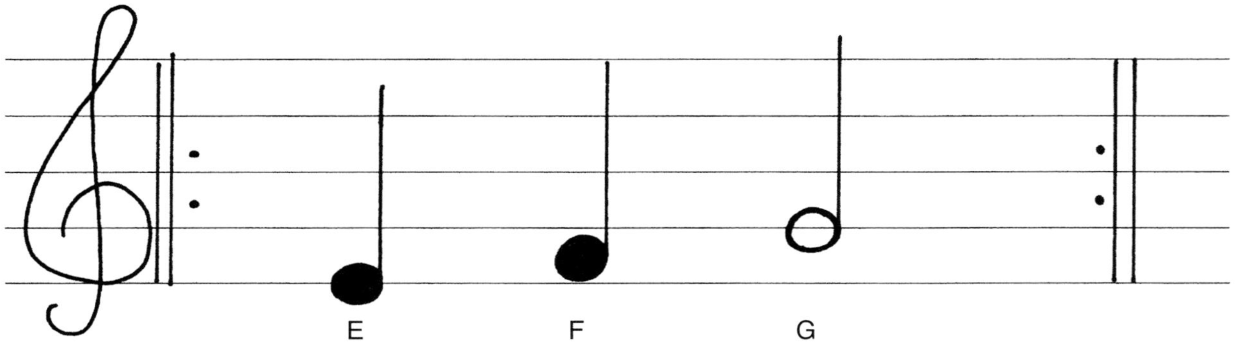

2. Gruppe
E F G
schläfst du noch?

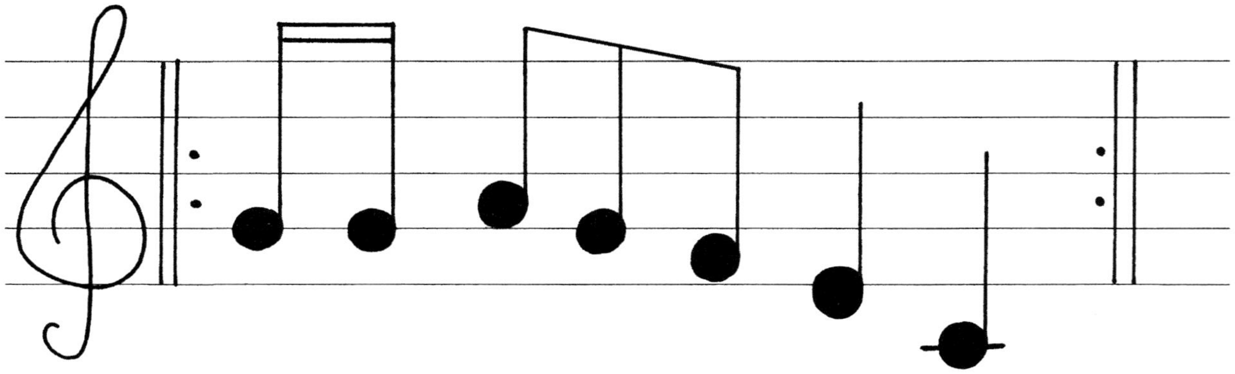

3. Gruppe
G G A G F E C
Der Mond, der ging schon un - ter,
die Son - ne scheint so mun - ter.

4. Gruppe
C C C
Wach doch auf!

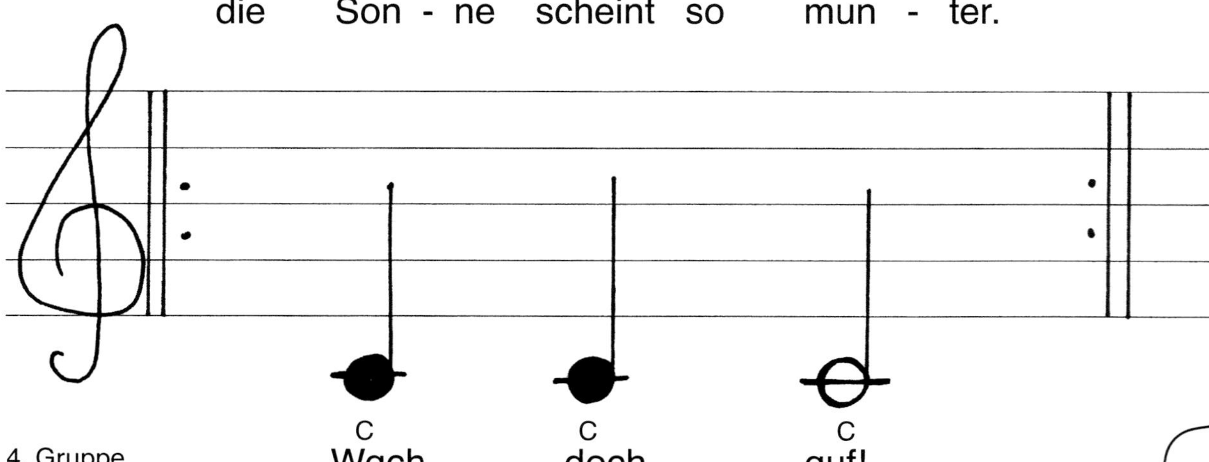

Lied: „Hopp, hopp, hopp“ (ab 2 Jahren)

Melodie: „Hopp, hopp, hopp, Pferdchen lauf Galopp“

1. Hopp, hopp, hopp, Pferdchen lauf Galopp.
   Auf der grünen Wiese hier wartet schon das bunte Tier.
   Hopp, hopp, hopp, Pferdchen lauf Galopp.

2. Hopp, hopp, hopp, Pferdchen lauf Galopp.
   Schau doch mal, das bunte Tier, ist es vielleicht so wie ihr?
   Hopp, hopp, hopp, Pferdchen lauf Galopp.

Durchführung:
Die Klanghölzer können nur bei „Hopp, hopp, hopp“ oder über die ganze Strophe eingesetzt werden.

Erweiterung / Variante:
Nach dem Lied gibt der Spielleiter verschiedene Rhythmen vor: schnell / langsam, auf dem Boden spielen, verschiedene Pausen einlegen … Die Kinder ahmen diese so lange nach, bis alle den vorgegebenen Rhythmus spielen. Statt der Klanghölzer können auch gut zwei Hälften einer Kokosnuss eingesetzt werden.

Lied: „Kleiner Stern und großer Mond“ (ab 3 Jahren)

Melodie: „Twinkle, twinkle, little star“ („Funkle, funkle, kleiner Stern“)

Text	Bewegungen
1. Funkle, funkle, kleiner Stern, hab das bunte Tierchen gern. Funkle, und dann schläft es ein, es soll nicht mehr traurig sein. Funkle, funkle, kleiner Stern, hab das bunte Tierchen gern.	*Finger öffnen und schließen sich* *sich selbst umarmen* *Schlafhaltung: Kopf liegt* *seitlich auf flachen Händen* *Finger öffnen und schließen sich* *sich selbst umarmen*
2. Großer Mond, leuchte warm, halt das bunte Tier im Arm. Leuchte, und dann schläft es ein, es soll nicht mehr traurig sein. Großer Mond, leuchte warm, halt das bunte Tier im Arm.	*großen Kreis mit Armen andeuten* *sich selbst umarmen* *Schlafhaltung: Kopf liegt* *seitlich auf flachen Händen* *großen Kreis mit Armen andeuten* *sich selbst umarmen*

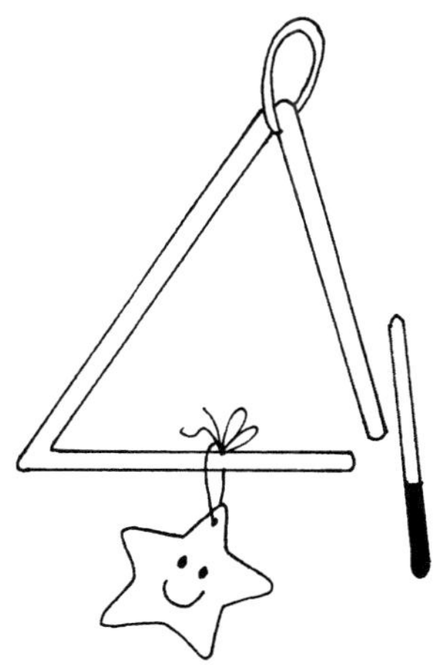

Durchführung:
Immer drei Kinder spielen die Sternenstrophe und drei Kinder die Mondstrophe auf Triangeln. Die übrigen Kinder machen die Bewegungen zum Lied. Anschließend werden die Instrumente an die nächsten Kinder weitergereicht. Das Lied wird so oft gesungen, bis jedes Kind einmal Triangel spielen durfte.

Erweiterung:
Die Kinder können kleine Sterne oder Monde basteln, die an die Triangeln gehängt werden.
So wissen die Kinder, wann ihr Einsatz ist.

Lied: „Wir spieln gleich 'ne Geschichte vor" (ab 3 Jahren)

Melodie: „Old Mac Donald had a farm"

Text	Bewegungen
1. Wir spieln gleich 'ne Geschichte vor, i – ei – i – ei – o. Passt mal auf und seid ganz Ohr, i – ei – i – ei – o. Von Ponyfransen, Dackelohr, Flatterschwänzchen kommt auch vor. Wir spieln gleich 'ne Geschichte vor, i – ei – i – ei – o.	*klatschen* *klatschen* *Haare wuscheln, Ohren berühren* *mit dem Po wackeln* *klatschen*
2. Wir spieln gleich 'ne Geschichte vor, i – ei – i – ei – o. Darin kommt auch ein **Frosch** vor, i – ei – i – ei – o. Es macht **quak, quak** hier, **quak, quak** da, hier **quak,** da **quak,** überall macht's **quak, quak.** Wir spieln gleich 'ne Geschichte vor, i – ei – i – ei – o.	*klatschen* *klatschen* *in der Hocke auf den Füßen hüpfen* *klatschen*
Zu den folgenden Strophen denken die Kinder sich die Tiergeräusche und Bewegungen selbst aus: 3. Wir spieln gleich … ein **Pferd** vor … es macht … 4. **Kuh** 5. **Schaf** 6. **Ziege** 7. **Fisch** 8. **Vogel** 9. **Nilpferd** 10. **Papagei** 11. **Hund**	 *Ideen der Kinder*
12. *Zum Schluss singen wir die 1. Strophe noch einmal.*	*s.o.*

Hinweis:
Dieses Bewegungslied kann gesungen werden, wenn die Kinder das Buch bereits kennen, z. B. zu Beginn eines neuen Projekttages. Sollte die Geschichte eventuell sogar als Theaterstück aufgeführt werden (s. S. 44 / 45), dann eignet sich dieses Lied gut zur Begrüßung.

Lernziele:
Da die Kinder sich ab der 3. Strophe selbst Geräusche und Bewegungen ausdenken, sind sie aktiver im Geschehen. Viele Kinder haben Freude daran, die Leitung zu übernehmen und zu erleben, wie ihre Freunde ihre Geräusche und Bewegungen nachahmen.

Bewegung zu klassischer Musik (ab 2 Jahren)

Material:
CDs mit klassischer Musik, CD-Player, Tücher zum Tanzen (z. B. Chiffontücher), Seifenblasen, großes Schwungtuch

Zur musikalischen Bildung gehört natürlich nicht nur der Gesang. Den Körper ausdrucksvoll zu bewegen, mal sanft und fließend, mal rhythmisch oder wild im „Freestyle", das können Kinder zur klassischen Musik wunderbar ausprobieren. Klangfarben* werden ganzheitlich empfunden und dadurch wird auch die Grobmotorik geschult. Seien Sie mutig und trauen Sie sich auch einmal an klassische Stücke heran. Schon beim Hören werden Ihnen Bewegungsideen einfallen. Spielen Sie den Kindern Ihre Choreografie mit oder ohne Ansagen vor. Selbst wenn Sie dann bei der Durchführung einmal einen Fehler machen, wird es niemandem auffallen, da es sich bei den Abläufen um Ihre eigenen Ideen handelt.

Vorschläge:
Suchen Sie sich ein klassisches Stück aus und überlegen Sie, zu welcher Szene es im Buch passen könnte:

- Klingt es fröhlich und beschwingt?
  Dann geht das *kleine Ich bin ich* vielleicht gerade auf der Wiese spazieren.

- Ist die Musik leicht und sanft?
  Dann könnten die Seifenblasen zum Einsatz kommen.

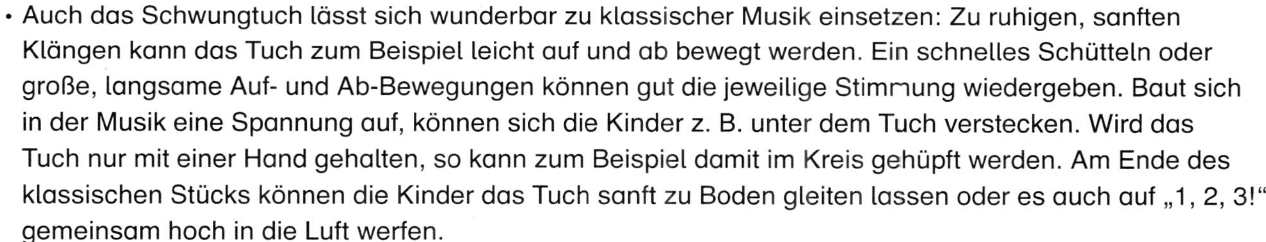

- Auch das Schwungtuch lässt sich wunderbar zu klassischer Musik einsetzen: Zu ruhigen, sanften Klängen kann das Tuch zum Beispiel leicht auf und ab bewegt werden. Ein schnelles Schütteln oder große, langsame Auf- und Ab-Bewegungen können gut die jeweilige Stimmung wiedergeben. Baut sich in der Musik eine Spannung auf, können sich die Kinder z. B. unter dem Tuch verstecken. Wird das Tuch nur mit einer Hand gehalten, so kann zum Beispiel damit im Kreis gehüpft werden. Am Ende des klassischen Stücks können die Kinder das Tuch sanft zu Boden gleiten lassen oder es auch auf „1, 2, 3!" gemeinsam hoch in die Luft werfen.

- Das Stück „Aquarium" (aus: „Der Karneval der Tiere" von Camille Saint-Saëns) eignet sich z. B. gut für eine Wasserszene: Die Kinder „schwimmen" mit den Tüchern durch den Raum. Auch hier können Sie ihnen unterschiedliche Anleitungen geben: Die Kinder können z. B. gemeinsam mit einem Partner schwimmen, in einem großen Kreis, auf dem Meeresgrund, dann wieder an die Wasseroberfläche auftauchen … ganz nach Ihren Ideen.

Natürlich können sich die Kinder auch ohne Material frei im Raum zur Musik bewegen.

*Klangfarben sind unterschiedliche Töne und Melodien, die ein Musikstück in verschiedene Passagen unterteilen. So können z. B. einige Takte tief und geheimnisvoll klingen, die darauffolgenden beschwingt und schnell.

Vers: „Quakfrosch“ (ab 3 Jahren)

Text	Bewegung	Klanghölzer / Klackerfrösche
Der Laubfrosch quakt:	*Hand (= Froschmaul):*	
„Hör mir zu!		
Quak, quak, quak!	*3 x öffnen und schließen*	*3 x spielen*
Ich bin ich, du bist du,	*auf sich und das gegenüberstehende Kind zeigen*	
quak, quak, quak!“	*Hand 3 x öffnen und schließen*	*3 x spielen*
Der Laubfrosch quakt:		
„Buntes Tier!		
Quak, quak, quak!	*Hand 3 x öffnen und schließen*	*3 x spielen*
Du und ich, wir sind wir,	*den Nachbarn anfassen*	*durchgängig rhythmisch spielen*
quak, quak, quak!	*Hand 3 x öffnen und schließen*	*3 x spielen*
Und genau so ist es richtig, wie wir sind, so sind wir wichtig.“	*Hände schaukeln vor und zurück; bei „wichtig“: Arme hochnehmen*	*rhythmisch auf dem Boden spielen, nach „wichtig“ schnell auf dem Boden trommeln*

	Teamplay	
Text	**Klanghölzer**	**Ratschgurken (Reco-Guiro)**
Der Laubfrosch quakt:	*4 x rhythmisch spielen*	
„Ach ich mag dich!		
Quak, quak, quak!		*3 x ratschen*
Denn wir zwei sind unterschiedlich,	*4 x rhythmisch spielen*	
quak, quak, quak!“		*3 x ratschen*
Der Laubfrosch quakt:	*4 x rhythmisch spielen*	
„Buntes Tier!		
Quak, quak, quak!		*3 x ratschen*
Du und ich, wir sind wir,	*4 x rhythmisch spielen*	
quak, quak, quak!		*3 x ratschen*
Und genau so ist es richtig, wie wir sind, so sind wir wichtig.“	*laut rufen und durcheinanderspielen*	*8 x rhythmisch ratschen*

Durchführung:
Der Text wird rhythmisch gesprochen. Dazu werden die passende Bewegungen bzw. Begleitungen auf den Instrumenten gemacht.

Variante:
Für den Bewegungstext können auch Sockentiere hergestellt werden, ähnlich wie die Hunde (s. S. 7: „Der Plapperhund“). Der Vers kann auch mit Klanghölzern und Ratschgurken (Reco-Guiro) im Teamplay gespielt werden. Aus Steinen lassen sich klangvolle Klackerfrösche bauen:
Auf Steine werden halbe Holzkugeln (= Augen) geklebt.
Anschließend werden die Klackerfrösche mit Acrylfarbe bemalt.
Die Unterseiten bleiben unbemalt, damit das Klopfen klangvoller klingt.

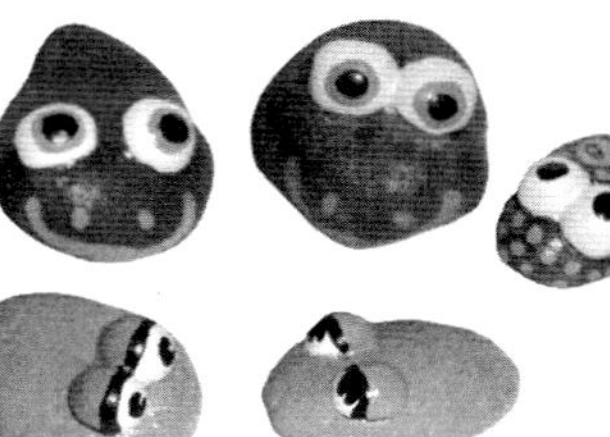

Instrumentenbau: „Ich-Rassel“ (ab 3 Jahren)

Material:
Christbaumkugeln aus Plastik, Reis, Schale, Kleber, Schere, Wolle, Filzstoff, Stoffreste (mindestens 30 cm lang)

Vorbereitung:
Der Reis wird in die Schale gegeben und der Stoff in ca. 30 cm lange Streifen (= Dackelohren) geschnitten. Alle Materialien werden bereitgestellt.

Arbeitsanleitung:
Die Kugel-Halterungen werden vorsichtig abgedreht. Mit dem „Pinzettengriff“ stecken die Kinder nun Reiskörner durch die Öffnungen. Wenn die Kugeln soweit gefüllt sind, dass sie ein schönes Rasseln ergeben, werden die Halterungen oben wieder festgeklebt. (Vorsicht: Die Kugel nicht stark schütteln, sonst bleiben die Körner oben kleben.)
In der Mitte eines Stoffstreifens werden nun einige Wollfäden als Haare geknotet. Einer dieser Fäden wird dann am Kugel-Aufhänger festgeknotet. Aus dem Filz scheiden die Kinder Augen und Nase aus, die dann auf die Kugeln geklebt werden.

Die Rasseln können zu verschiedenen Aktionen eingesetzt werden: z. B. zur Liedbegleitung oder zur rhythmischen Begleitung von Versen aus dem Bilderbuch.

Blumenwiese aus Naturmaterialien (ab 2 Jahren)

Material:
Bilderbuch, hellgrüner Tonkarton in DIN A4 oder DIN A5, doppelseitiges Klebeband

Vorbereitung:
Fertigen Sie eine Blumenwiese an, die den Kindern als Vorlage dient. Bereiten Sie für jedes Kind einen Bogen Tonkarton vor, auf den Sie am unteren Rand doppelseitiges Klebeband befestigen (die Schutzfolie noch nicht abziehen).

Arbeitsanleitung:
Lesen Sie die erste Szene im Buch und erklären Sie den Kindern: „Wir wollen uns heute eine eigene Blumenwiese basteln. Dazu gehen wir gleich draußen spazieren. Jeder von euch bekommt eine grüne Wiese (Tonkarton zeigen). Wenn ihr die Folie abzieht, ist der untere Bildrand ganz klebrig. Sucht die schönsten Gräser und Blumen. Diese drückt ihr dann auf dem Klebestreifen fest.“
Zeigen Sie den Kindern nun Ihr vorbereitetes Naturbild.
Auf dem Spaziergang können die Kinder dann die Naturmaterialien sammeln. An einem passenden Ort können sie die Schutzfolie abziehen und ihre Bilder bekleben.

Hinweise / Erweiterung:
Im Frühling oder Sommer sind die schönsten Gräser und Blumen zu finden. Achten Sie darauf, dass es vor dem Spaziergang nicht geregnet hat, denn das Naturmaterial sollte trocken sein.
Ältere Kinder können vor dem Spaziergang ein *kleines Ich bin ich* auf weißes Papier malen, ausschneiden und als Hintergrund der Blumenwiese auf den Tonkarton kleben.

Figuren für das Schattentheater (ab 4 Jahren)

Material für die Figuren:
Kopiervorlage „Figuren für das Schattentheater“ (s.u. / S. 29), schwarzer Tonkarton, weißer Stift zum Vorzeichnen, Scheren, Schaschlikstäbchen oder Luftballonstäbe, durchsichtiges Klebeband

Arbeitsanleitung:
Bitte kopieren Sie die Tiere hoch, schneiden Sie diese aus und übertragen Sie deren Konturen mit einem weißen Stift auf den Tonkarton. Anschließend werden die Tiere ausgeschnitten und die Stäbe mit durchsichtigem Klebeband an ihnen befestigt.

Kopiervorlage „Figuren für das Schattentheater“ (1)

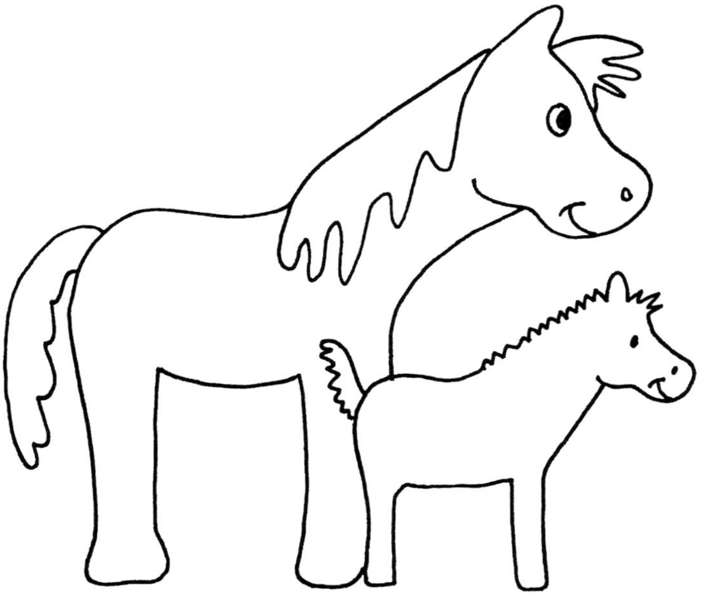

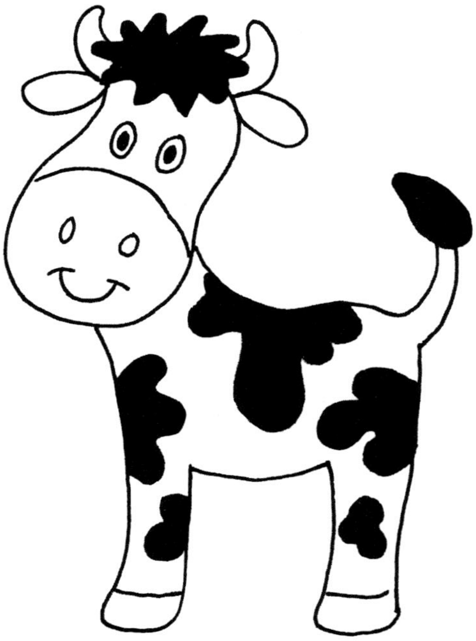

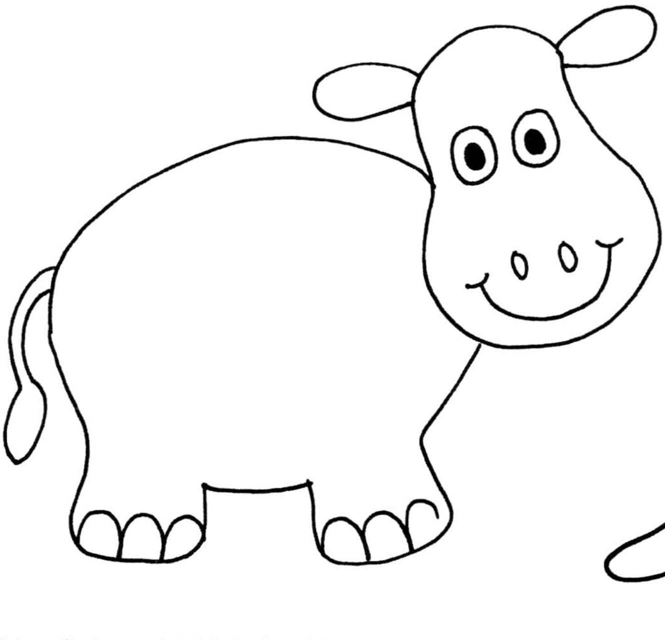

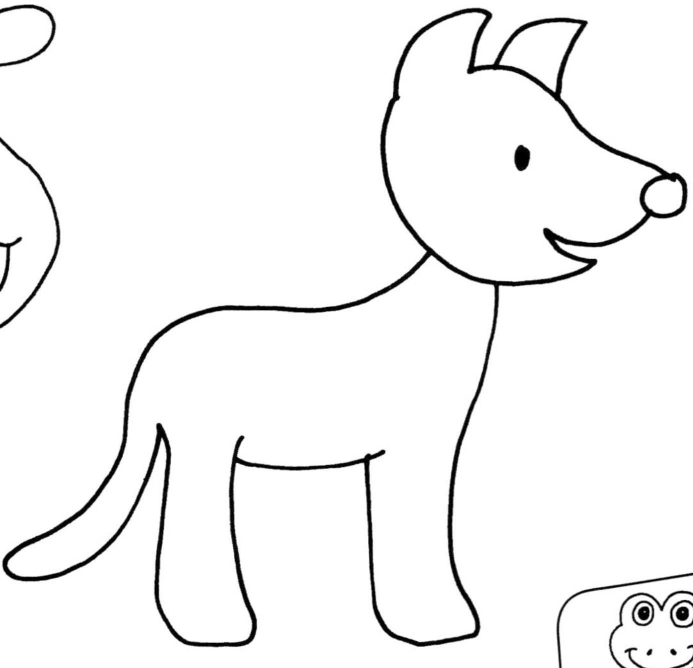

bitte Seite auf DIN A3 hochkopieren

Kopiervorlage „Figuren für das Schattentheater" (2)

bitte Seite auf DIN A3 hochkopieren

BVK • Tanja Weber: Literacy-Projekt zu „Das kleine Ich bin ich"

Kopiervorlage „Memo-Spiel“

Gemeinschaftscollage „Prickelwiese“ (ab 3 Jahren)

Material:
Kopiervorlage „Prickelwiese“ (s. S. 32), Bilderbuch, Tonkarton in unterschiedlichen Farben (davon ein großer weißer Bogen), Prickelnadeln, Filzunterlagen, Kleber, Wollfaden, Stifte, durchsichtiges Klebeband

Vorbereitung:
Die Vorlagen werden auf Tonkarton in den Wunschfarben übertragen. Das *kleine Ich bin ich* wird aus dem Buch kopiert.

Arbeitsanleitung:
Die Kinder prickeln die Formen aus und kleben sie auf den weißen Tonkartonbogen. Im unteren Bildteil wird nun am linken und rechten Rand ein kleines Loch gestochen, der Wollfaden hindurchgezogen und beide Enden werden auf der Rückseite miteinander verknotet. Das kleine bunte Tier wird auf Tonkarton übertragen, angemalt, ausgeschnitten und mit der Rückseite am Wollfaden mit durchsichtigem Klebeband befestigt. Zieht man nun den Knoten am Bildrücken hin und her, geht das *kleine Ich bin ich* auf der Wiese spazieren.

Hinweis:
Jedes Kind sollte nur so viele Formen ausprickeln, wie es möchte, damit kein Arbeitsdruck, sondern Freude an der Gemeinschaftsarbeit entsteht.

Erweiterung / Variante:
Das kleine bunte Tier kann aus Wolle einen Schwanz und einen Pony erhalten.
Mit den gleichen Formen lässt sich auch eine Blumenwiese stempeln. Hierzu übertragen Sie die Vorlagen auf Moosgummi und kleben ausrangierte Bauklötze als Griffe fest. Die Kinder bestreichen die Formen mit Wasserfarben (Mischverhältnis: wenig Wasser und viel Farbe) und stempeln damit ihre eigene Wiese.
Jedes Kind kann zusätzlich sein eigenes kleines buntes Tier auf die Wiese malen.

Lernziele:
Beim Prickeln wird der Pinzettengriff trainiert, außerdem werden die Feinmotorik und die Konzentration geschult.

Kopiervorlage „Prickelwiese“

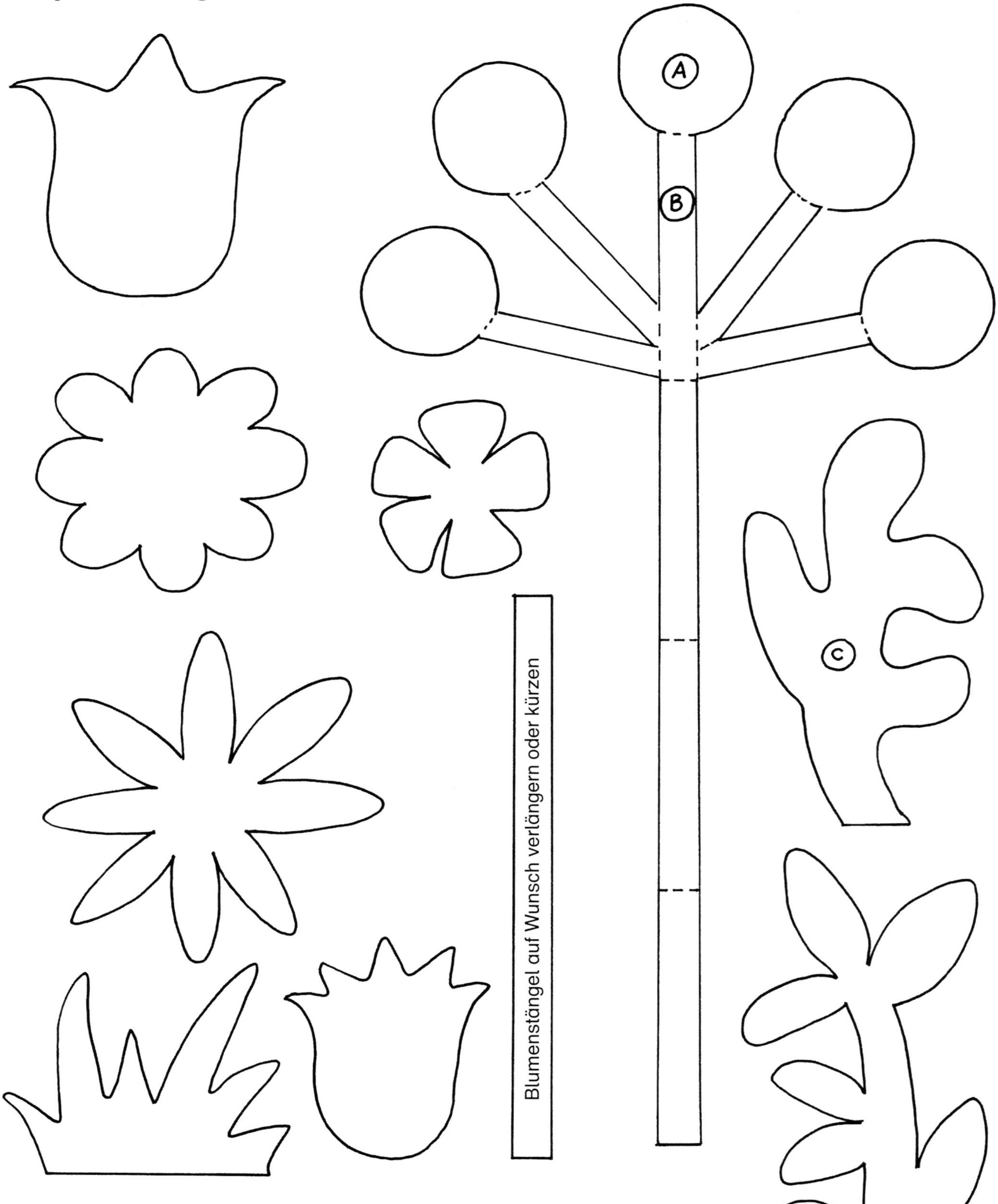

Blumenstängel auf Wunsch verlängern oder kürzen

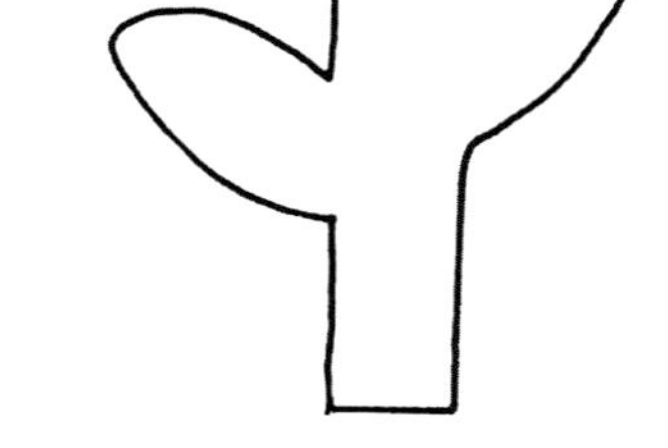

Für das Stempeln der Schierlingspalme den Kreis (A) und den Stängelteil (B) nur 1 x herstellen und dann die Blüten und Stängel jeweils aneinanderstempeln. Das Blatt (C) bitte auch seitenverkehrt herstellen.

Collage „Wackelboot“ (ab 3 Jahren)

Material:
weißer Tonkarton in DIN A4, Wasserfarben, Pinsel, Becher, Malkittel, Unterlage, weißes Papier in DIN A4, Musterklammern, Bilderbuch, Stifte, Scheren, Kleber

Vorbereitung:
Bitte kopieren Sie das *kleine Ich bin ich* für jedes Kind aus dem Buch.

Arbeitsanleitung:
Der Tonkarton liegt im Hochformat vor den Kindern. In das untere Drittel malen sie zuerst eine Wasserfläche. Dann wird mit der Lieblingsfarbe eine Hand eingepinselt und als Blumenblüte in das obere Bilddrittel gestempelt. Mit grüner Farbe malen die Kinder einen Stängel, der bis zum Wasser reicht, und Blätter. Während der Trockenphase können Sie mit den Kindern ein Boot falten (s. Faltanleitung). Durch die Rückwand des Bootes wird eine Musterklammer gesteckt. Die Kinder malen das kopierte kleine bunte Tier an, schneiden es aus und kleben es im Boot fest. Dann wird die Musterklammer durch das gemalte Wasser gesteckt und die Enden werden auseinandergebogen. Nun kann das *kleine Ich bin ich* auf den Wellen hin und her schaukeln.

Hinweis:
Ältere Kinder können ihr *kleines Ich bin ich* auch selbst malen.

Faltanleitung „Boot“

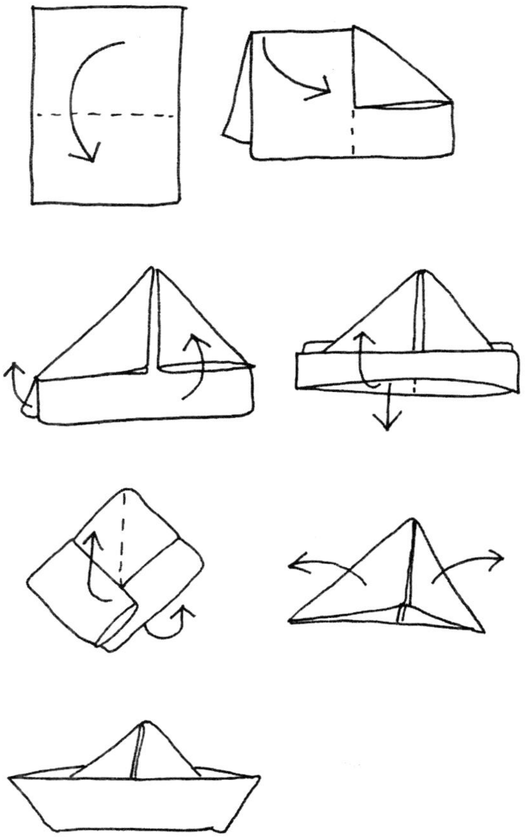

Verbinde die Zahlen (ab 4 Jahren)

Verbinde die Zahlen von 1 – 10. Was siehst du jetzt?

Male das Bild bunt an.

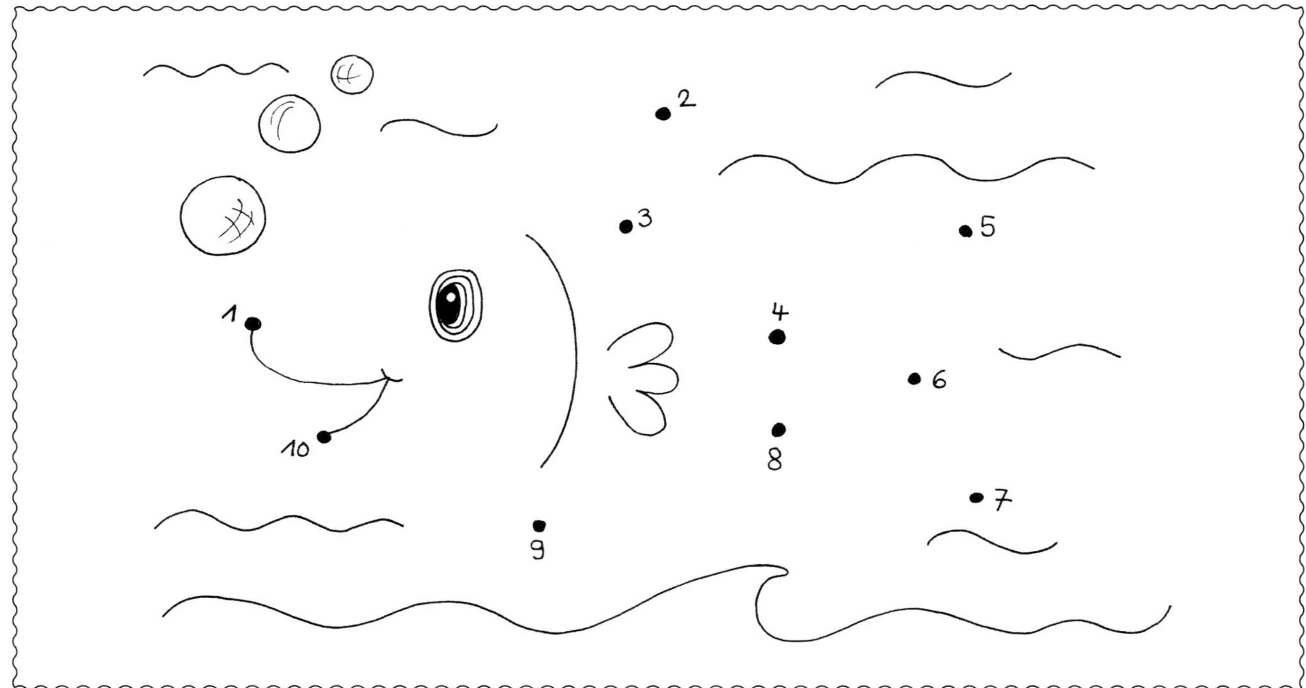

Wie viele Tiere zählst du? (ab 4 Jahren)

Zähle die Tiere. Ziehe eine Linie zur richtigen Zahl.

BVK • Tanja Weber: Literacy-Projekt zu „Das kleine Ich bin ich“

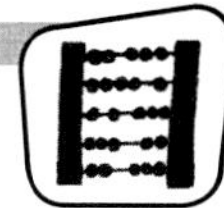

Wie viele Blumen zählst du? (ab 5 Jahren)

Zähle die Blumen. Trage die richtige Zahl in die Kästchen ein. Male das Bild bunt an.

Zahlenweg (ab 5 Jahren)

Folge den Zahlen von 1 – 10, damit das kleine Nilpferd zu seiner Mama findet. Male das Bild bunt.

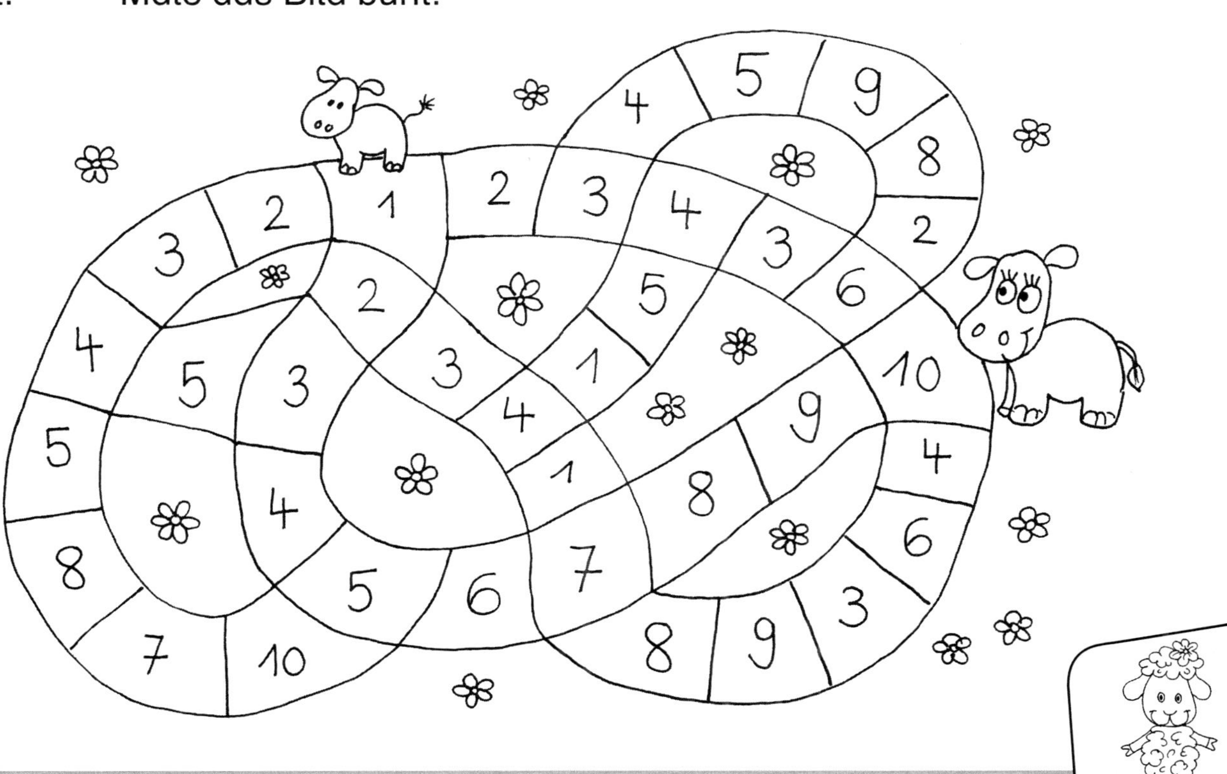

BVK • Tanja Weber: Literacy-Projekt zu „Das kleine Ich bin ich"

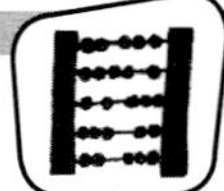

Spiele zur mathematischen Bildung

Zahlenspringen: Trommelhüpfer (ab 3 Jahren)

Material:
Handtrommel

Spielmöglichkeit:
Das kleine Ich hüpft auf der Wiese. Wie oft? Spielen Sie auf einer Handtrommel eine beliebige Anzahl von einem Schlag bis zu maximal zehn Schlägen. Die Kinder hüpfen die gehörte Anzahl und zählen dabei mit. Statt hüpfen können sie auch klatschen, patschen oder nur zählen. Lassen Sie auch die Kinder das Trommeln übernehmen.

Legespiel: Wie viele sind es? (ab 4 Jahren)

Material:
Kopiervorlagen „Figuren für das Schattentheater" (s. S. 28 / 29), Schere

Vorbereitung:
Kopieren Sie die Vorlagen und schneiden Sie zehn der Tiere aus.

Spielmöglichkeit:
Alle ausgeschnittenen Tiere werden zunächst in die Kreismitte gelegt. Nehmen Sie nun einige Bilder weg und fragen Sie die Kinder: „Wie viele sind es?" Das Kind mit der richtigen Antwort darf als Nächstes die Spielleitung übernehmen. Legen Sie vorher wieder alle Bilder in den Kreis. Jüngere Kinder dürfen mit den Fingern zählen.

Bewegungsspiel: Zahlenmonster (ab 4 Jahren)

Material:
Stühle

Spielmöglichkeit:
Die Kinder sitzen auf Stühlen in einem Kreis. Erzählen Sie ihnen: „Die Tiere aus unserer Geschichte wollen auf der Wiese spielen. Die 1 steht für das kleine Ich, die 2 für zwei Pferde, die 3 für drei Hunde, die 4 für vier Vögel und die 5 für fünf Fische."
Zählen Sie nun die Kinder ab. Jedes Kind bekommt eine Zahl zwischen 1 und 5 genannt, die es sich gut einprägen soll. Rufen Sie nun „5!", stehen alle Kinder mit dieser Zahl auf und suchen sich schnell einen neuen Sitzplatz. Da Sie selbst auch mitspielen, versuchen Sie, einen freien Stuhl ergattern.
Das Kind, das keinen Sitzplatz erhalten hat, stellt sich nun in die Mitte und ruft die nächste Zahl.

Varianten:
- Wenn der Spielleiter „Zahlenmonster!" ruft, suchen sich alle einen neuen Platz.
- Es werden zwei unterschiedliche Zahlen gerufen, die sich gleichzeitig einen neuen Platz suchen.
- Die gewünschte Zahl wird nicht ausgesprochen, sondern deutlich mit den Fingern gezeigt. Dabei hält der Spielleiter den Arm hoch und dreht sich im Kreis, damit alle Mitspieler die Finger gut sehen können.
- Die gewünschte Zahl wird nicht ausgesprochen, sondern geklatscht.

Massagegeschichte: Der Wiesentanz (ab 4 Jahren)

Material:
Massagegeschichte „Der Wiesentanz“ (s. S. 38/39), Wolldecken, Matratzen oder ein weicher Teppich, CD mit Entspannungs-Musik, CD-Player, Vorhänge oder Rollläden

Vorbereitung:
Richten Sie einen großen Kuschelplatz ein, dunkeln Sie den Raum etwas ab und schließen Sie die Fenster. So erhalten Sie eine gemütliche Atmosphäre.

Arbeitsanleitung:
Sprechen Sie auf dem Kuschelplatz das Thema „Massage“ an. Einige Kinder können sicher schon von ihren eigenen Erfahrungen dazu berichten. Ein freiwilliges Kind legt sich vor Sie auf den Bauch. Sie beginnen, die Geschichte vorzulesen und malen dem Kind dabei eine Sonne auf den Rücken. Halten Sie dann inne und erklären Sie, was eine Partnermassage ist.
Jedes Kind sucht sich nun einen Freund und die Partner überlegen gemeinsam, wer zuerst massiert und wer sich auf den Boden legt. Schalten Sie währenddessen die CD ein, die Musik sollte leise im Hintergrund laufen. Wenn jeder seine Rolle und seinen Platz gefunden hat und Ruhe eingekehrt ist, beginnen Sie, die Geschichte vorzulesen. Ihre Handbewegungen müssen gut zu sehen sein, damit alle Kinder wissen, wie sie massieren sollen. Sie sollten den Kindern vorab erklären, dass diese ihre Partner nicht direkt auf der Wirbelsäule massieren dürfen!
Nach der Geschichte tauschen die Partner die Rollen und die Geschichte wird noch einmal vorgelesen.

Hinweise:
Sie werden erstaunt sein, wie sehr die Kinder nach nur zwei Durchgängen die Massagegeschichte verinnerlicht haben. Da sie die Massage in der Regel sehr genießen, wird es vorkommen, dass sich später spontan Kinder finden, die den „Spaziergang“ noch einmal erleben möchten. Dies können sie mit Hilfe der Bilder (s. S. 38) selbstständig tun.
Die Geschichte kann den Kindern auch mit nach Hause gegeben werden. Vielleicht massiert sich die ganze Familie gegenseitig. Der fettgedruckte Massagetext lässt sich von Erstlesern (Geschwistern) leicht lesen.
Nicht alle Kinder mögen Berührungen, das muss akzeptiert werden. Sie können diese Kinder beim Vorlesen mit an Ihre Seite nehmen und auf die Geschichte schauen lassen. Sie wird dann von den Kindern visuell und still verfolgt, also miterlebt.
Jüngeren Kindern fällt eine Partnermassage nicht so leicht, sie genießen es aber sehr, wenn sie die Geschichte auf ihrem Rücken erleben dürfen.

Variante:
Für Kinder ab 3 Jahren können Sie diese Geschichte als **Fantasiereise** (s. S. 39) vorlesen. Die Kinder legen sich dazu entspannt auf den Bauch oder Rücken und schließen die Augen. Lesen Sie langsam und mit ruhiger Tonlage. Machen Sie Erzählpausen, damit das Vorgelesene den Kindern als Fantasiebild im Kopf entstehen kann.
Im Hintergrund können Sie ebenfalls die Entspannungs-Musik laufen lassen.
Damit auch anschließend die entspannte Körperphase der Kinder erhalten bleibt, sollte sich an die Fantasiereise eine „stille Aktion“ anschließen. Dazu können Sie vorab Zeichen- oder Malutensilien auf Tischen bereitstellen, mit denen die Kinder ihre Fantasiebilder zur Geschichte aufmalen können.

Massagegeschichte: Der Wiesentanz

Stelle dir vor, wir sind draußen an der frischen Luft.

Die Sonne scheint.

Male eine Sonne mit vielen Strahlen.

Dein Rücken ist eine Blumenwiese.

Streiche beide Hände abwärts.

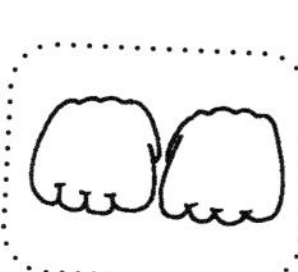

Heute hat das *Kleine Ich* seine Freunde zum Wiesentanz eingeladen. Vor Freude läuft es quer über die Wiese.

Drücke leicht mit den Fingerknöcheln auf den Rücken.

Das Nilpferd kommt angestampft.

Tapse vorsichtig mit den Fäusten.

Die Hunde ziehen ihre Leinen über die Wiese.

Die Zeigefinger ziehen Schlangenlinien.

Der Laubfrosch kommt angehüpft.

Lasse deine flachen Hände kreuz und quer springen.

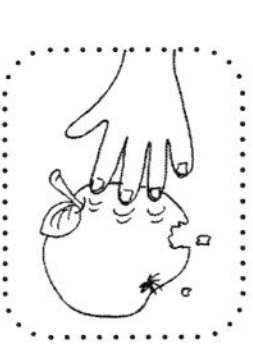

Die Pferdemama und ihr Kind sind auch schon da. Sie haben einen Apfelkorb entdeckt und knabbern genüsslich am Obst.

Kralle vorsichtig mit den Fingernägeln.

Die Kuh, das Schaf und die Ziege kommen angelaufen.

Deine Finger krabbeln wild umher.

Zum Schluss kommt der Papagei angeflogen.

Deine Hände wischen hin und her.

Jetzt sind alle Tiere da und zum Tanz bereit.

Sie tanzen wild.

Rubble den Rücken ab.

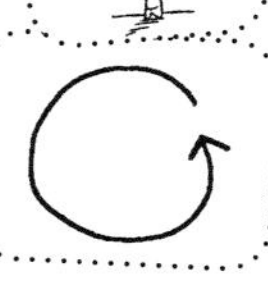

Sie tanzen auf einem Bein.

Tippe mit den Zeigefingern.

Sie tanzen im Kreis.

Male große Kreise.

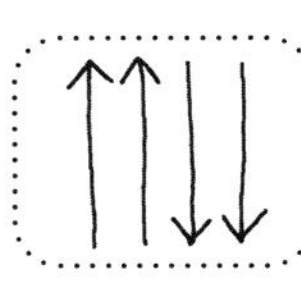

Sie tanzen von einer Seite zur anderen.

Ziehe deine Fingerkuppen auf- und abwärts.

Langsam werden die Tiere müde.
Sie legen sich in das weiche Gras.
Ich werde sie in den Schlaf streicheln.

Streichle sanft den Rücken.

Gute Nacht, ihr lieben Tiere!

Fantasiereise: Der Wiesentanz

… = Erzählpause

Stelle dir vor, wir sind draußen an der frischen Luft.
Atme tief durch die Nase ein und aus.

Die Sonne scheint. Spürst du ihre warmen Strahlen?

Dein Rücken ist eine Blumenwiese. Siehst du all die Blumen?

Heute hat das *kleine Ich bin ich* seine Freunde
zum Wiesentanz eingeladen.
Vor Freude läuft es quer über die Wiese.
Schau, wie es um die Blumen herumflitzt.

Das Nilpferd kommt angestampft. Wenn du genau lauscht,
hörst du sein Schnaufen.

Die Hunde ziehen ihre Leinen über die Wiese.
Kannst du die Spuren im Gras sehen?

Der Laubfrosch kommt angehüpft. Streichle über seine nasse glatte Haut.

Die Pferdemama und ihr Kind sind auch schon da. Sie haben einen Apfelkorb entdeckt
und knabbern genüsslich am Obst. Schmeckst du auch den süßen Apfel?

Die Kuh, das Schaf und die Ziege kommen angelaufen.
Grabe deine Hände tief in die weiche Schafwolle.

Zum Schluss kommt der Papagei angeflogen. Er hat wunderschöne
bunte Federn. Welche Farben siehst du?

Jetzt sind alle Tiere da und zum Tanz bereit. Schau ihnen zu!
Sie tanzen wild durcheinander … Sie fassen sich an und drehen
sich im großen Kreis … Sie tanzen auf einem Bein … Sie suchen sich
einen Freund, nehmen ihn in den Arm und tanzen eng umschlungen.

Allmählich werden alle Tiere müde, sie gähnen, … strecken sich, … legen
sich in das weiche Gras … und schlafen ein … Hörst du sie leise atmen?

Lass die Tiere schlummern. Komme wieder zu uns zurück.
Fange langsam an, dich zu strecken und recken …

Öffne nun deine Augen.

Bewegungslied zum Aufwärmen: Das sportliche Ich (ab 2 Jahren)

Melodie: „Wer will fleißige Handwerker sehn?"

Text	Bewegungen
Wer will **das sportliche Ich** heute sehn? Der muss zu uns Kindern gehn. Schaut euch mal sein **Springen** an, ob das wohl schon jeder kann? Lalala … (gleiche Melodie)	*klatschen* *klatschen* *1 x springen* *dazu springen*
Wer will **den sportlichen Frosch** heute sehn? Der muss zu uns Kindern gehn. Schaut euch mal sein **Hüpfen** an, ob das wohl schon jeder kann? Lalala … **weitere Strophen:** Pferd – Traben Nilpferd – Stampfen Fisch – Schwimmen Hund – Laufen Vogel – Fliegen	*klatschen* *klatschen* *1 x in der Hocke hüpfen* *dazu in der Hocke hüpfen* *auf der Stelle traben, Knie hochziehen* *kräftig auf der Stelle stampfen* *große Schwimmbewegungen mit den Armen machen* *auf der Stelle laufen* *Hampelmann machen*

Bewegungsspiel: Zaubertrommel (ab 3 Jahren)

Material:
Handtrommel, evtl. Kreide

Spielanleitung:
Alle Kinder stehen in einem großen Kreis. Wenn die Turnhalle einen bemalten Fußboden hat, wählen Sie eine Farblinie aus, auf der sich die Kinder beim Spiel bewegen. Ansonsten können Sie selbst mit Kreide einen großen Kreis auf den Boden ziehen.

Sprechen Sie den folgenden Zauberspruch:

> „Wenn ich die Zaubertrommel schlage, macht ihr alle, was ich sage.
> Hokuspokus – schnick und schnack,
> jetzt seid ihr ein / eine ________ (Tier einsetzen), aber zack!"

Die Kinder laufen zu Ihrem Trommelspiel auf der farbigen Linie, führen die passenden Bewegungen aus und machen die jeweiligen Tiergeräusche dazu:
Das Nilpferd z. B. stampft und brummt (= Sie spielen langsam und laut.), die Vögel fliegen und piepsen (= Sie spielen schnell und leise.) usw.

Bewegungsspiel: *Kleines Ich bin ich,* wer steht auf der Wiese? (ab 3 Jahren)

Spielanleitung:
Dieses Spiel wird so gespielt wie „Fischer, Fischer, wie tief ist das Wasser?“.

Die Kinder stehen an einer Hallenwand. Ein Kind spielt das *kleine Ich bin ich* und stellt sich auf die andere Seite.
Die Kinder rufen: *„Kleines Ich bin ich,* wer steht auf der Wiese?“
Das Kind antwortet: „Die Hunde!“
Kinder: „Wie kommen wir da rüber?“
Das Kind: „Bellt und lauft!“

Die Kinder wechseln bellend und laufend die Seiten, während das einzelne Kind versucht, die anderen Kinder zu fangen. Abgeklatschte Kinder sind nun im „Ich-Team“ und helfen dem *kleinen Ich bin ich* in der nächsten Runde beim Fangen.

Variante:
Auf der Wiese können auch Tiere stehen, die im Bilderbuch nicht vorkommen, wie z. B. langsame Schnecken, schlängelnde Schlangen usw.

Bewegungsspiel: Stadtwetter (ab 3 Jahren)

Material:
Stühle oder Bänke, evtl. Handtrommel

Spielanleitung:
Erzählen Sie den Kindern, dass das kleine bunte Tier durch die Stadt spazieren geht. Allerdings spielt heute das Wetter verrückt.

Auf Ihre Ansagen hin müssen die Kinder die folgenden Bewegungen ausführen:
- **„Regen – Hochwasser“:** auf Stühle / Bänke klettern
- **„Sonne“:** zum Fenster laufen
- **„Blitz“:** sich auf den Bauch legen
- **„Schnee“:** einen „Schnee-Engel“ machen (auf den Rücken legen, Arme und Beine auseinander- und wieder zusammenführen).
- **„Hagel“:** auf den Boden trommeln

Zwischen den Wetteransagen gehen die Kinder spazieren. Sie können das Wandern mit einer Handtrommel begleiten. Wenn alle Kinder mit dem Spiel gut vertraut sind, kann ein Kind die Spielleitung übernehmen. Bestimmt fallen den Kindern noch weitere Wetterereignisse und dazu passende Spielideen ein.

BVK • Tanja Weber: Literacy-Projekt zu „Das kleine Ich bin ich“

Bewegungsparcours (ab 3 Jahren)

Material:
2 Bänke, Sprossenwand, dicke Matte, Tennisbälle, Pylonen, Kasten, Seile, Plastikeier, Esslöffel, mehrere Reifen, evtl. Bilder von den einzelnen Tieren

Vorbereitung:
Bauen Sie den Parcours folgendermaßen auf:

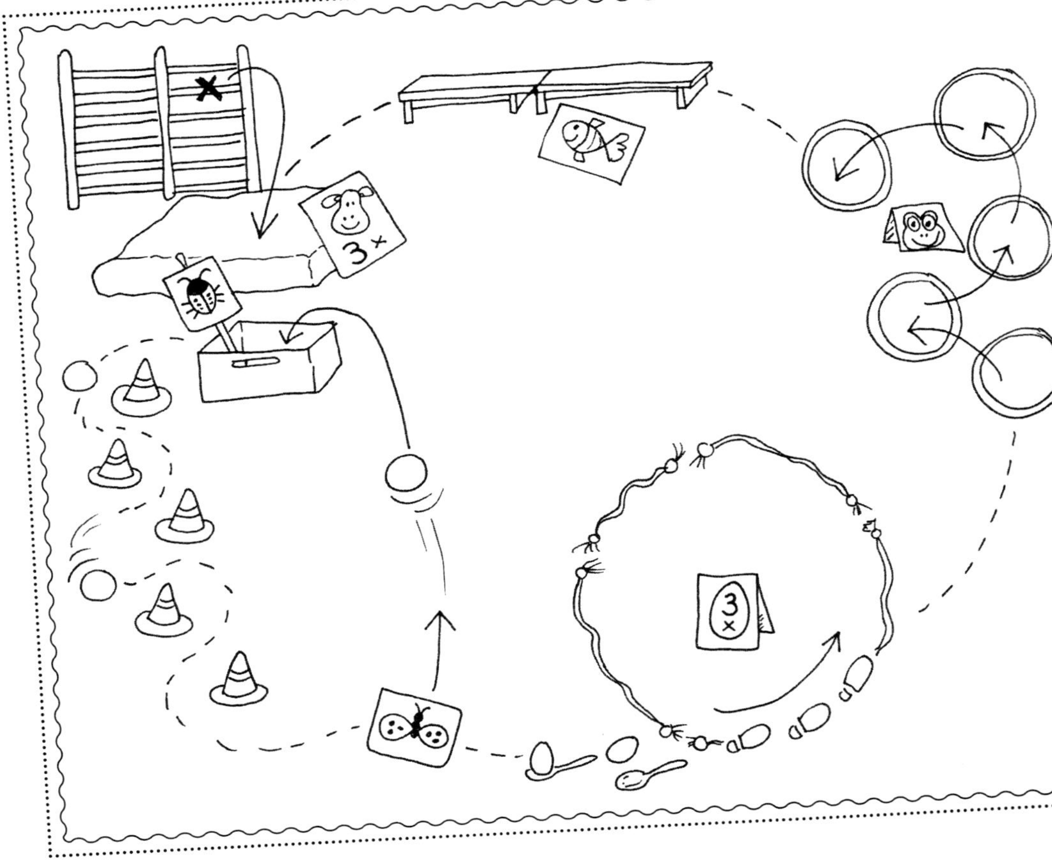

Spielanleitung:
Erklären Sie den Kindern: „Wir gehen gleich spazieren. Schauen wir doch einmal, wem wir aus dem Bilderbuch alles begegnen."
Gehen Sie mit den Kindern die einzelnen Stationen ab und führen Sie die entsprechenden Bewegungsabläufe einmal vor:
„Die Fische schwimmen auf dem flachen Wasser." – sich in Bauchlage über die Bänke ziehen
„Das Nilpferd springt vom Uferrand ins Wasser." – auf der Sprossenwand bis zur 5. Sprosse klettern und auf die dicke Matte springen (3 x)
„Die Marienkäfer krabbeln um die Wiesenblumen herum." – mit einer Hand die Bälle im Slalom um die Pylonen rollen
„Die Marienkäfer fliegen zurück nach Hause." – die Bälle in den Kasten werfen
„Trage vorsichtig die Seifenblasen spazieren." – Plastikeier auf dem Löffel transportieren, dabei auf dem Seilweg gehen (3 x)
„Der Frosch hüpft von Stein zu Stein, ohne den Rand zu berühren." – von Reifen zu Reifen springen
Die Kinder starten an verschiedenen Stationen und wandern reihum weiter.

Hinweise:
Sie können gemalte Bilder (von einem Fisch, Käfer etc.) an die Bewegungsstationen legen, das erleichtert den Kindern die Erinnerung an die Bewegungsabläufe. Denken Sie daran, dass der Auf- und Abbau einige Zeit in Anspruch nimmt. Natürlich können Sie den Parcours auch nach Ihren eigenen Wünschen und vorhandenem Material verändern.

Kuscheltiertag (ab 2 Jahren)

Material:
eigene Kuscheltiere der Kinder, selbst genähtes *Kleines Ich* (s. S. 5) oder Handpuppe, evtl. CD mit Kinderpartymusik, CD-Player, Buffet

Vorbereitung:
Laden Sie die Kinder ein, ihre liebsten Kuscheltiere an einem Tag mit in die Kita zu bringen.

Spielmöglichkeiten:
Die Kuscheltiere sind während des ganzen Tages überall mit dabei: Sie sitzen z. B. mit am Frühstückstisch und erkunden im Freispiel den Aktionstisch.
In einer Erzählrunde stellen die Kinder ihr eigenes Tier vor. Sie nennen den Namen und erzählen, wo es zu Hause schläft oder weshalb sie es besonders lieb haben. Ihr kleines genähtes *Ich bin ich* oder eine Handpuppe unterhält sich mit den Tieren der Kinder. Schauen Sie hierbei die Tiere an und sprechen Sie in veränderter Stimmlage (etwa wie ein Kleinkind). Kinder mögen diese Art von Unterhaltungen und spielen gerne mit.
Geben Sie den Kindern an diesem Tag auch viel Zeit zum Freispiel. Die Kinder werden sich ganz von selbst in Rollenspielen verlieren.

Variante:
Dieser besondere Tag kann wie ein kleines Fest gefeiert werden: Wir tanzen zu einer Kinderparty-CD, spielen Stopptanz und haben ein leckeres Buffet aufgebaut.

Schattentheater (ab 4 Jahren)

Material:
entweder weiße Wand / Leinwand mit Beamer / Diaprojektor oder ein Kasperletheater, großes weißes Tuch, Lampe, Seifenblasen, Bilderbuch, gebastelte Figuren („Figuren für das Schattentheater“, s. S. 28 / 29)

Vorbereitung:
Die weiße Wand bzw. Leinwand wird mit dem Beamer oder Diaprojektor angestrahlt. Alternativ wird ein Kasperletheater mit einem weißen Tuch abgehängt und von hinten beleuchtet.

Spielanleitung:
Alle Zuschauer setzen sich gemütlich im Halbkreis mit etwas Abstand vor die Wand oder das Kasperletheater. Die Erzieherin beginnt, das Buch vorzulesen und spielt dabei die erste Szene. Dann wählt sie zwei Kinder aus, die die Szene weiterspielen möchten. Eine zweite Erzieherin reicht den Kindern die Figuren und diese spielen begleitend zum Text. Nach einer Weile dürfen die beiden Kinder zwei Zuschauer auswählen, die nun das Stück weiterspielen.

Variante:
Ist die Geschichte vom *kleinen Ich bin ich* den Kindern schon gut bekannt, können sie das Schattentheater mit eigenen Worten spielen, ohne dass der Text aus dem Buch vorgelesen wird.

Erweiterung:
Die Kinder können Szenenbilder (Blumen, Gras, Häuser ...) selbst auf schwarzen Tonkarton malen, der dann an den passenden Stellen zum Einsatz kommt.

Theateraufführung (1) (ab 2 Jahren)

Zum Abschluss des Projektes wird „Das kleine Ich bin ich“ für die übrigen Kindergartenkinder oder die Familienmitglieder als Theaterstück aufgeführt.

Material:
Bilderbuch (oder selbstentworfene, große Buchcollagen), Kostüme, Raum- und Bühnendekoration, Instrumente nach Wahl, Theaterschminke

Spielmöglichkeiten:
1. Sie können das Buch vorlesen und die Kinder die Szenen pantomimisch spielen lassen.
2. Einige Kinder können zu Hause kurze Textpassagen einüben und kleine Sprechrollen übernehmen.
3. Wählen Sie einige Lieder aus, die Sie bereits mit den Kindern gesungen haben, und bauen Sie diese in das Stück ein. Die Lieder können mit oder ohne Instrumentenbegleitung gesungen werden.

Vorbereitung:
Alle Szenen werden vorher mit den Kindern gut eingeübt. Nehmen Sie kleine Pannen lächelnd in Kauf. Tadeln Sie keine Patzer und lassen Sie die Kinder die Szenen nicht zu oft wiederholen, damit sie nicht die Freude am Spielen verlieren. Loben und ermutigen Sie die Kinder nach einer gespielter Szene, das stärkt ihr Selbstbewusstsein.
Entwerfen Sie gemeinsam mit den Kindern eine Einladung zum Theaterstück und dekorieren Sie mit ihnen zusammen den Vorführungsraum.

Ideen für Kostüme:
Hier finden Sie einfache, aber effektvolle Ideen für Kostüme, die gemeinsam mit den Kindern gebastelt werden. Oft ist weniger mehr, doch lassen Sie in der Gestaltung Ihrer Fantasie freien Lauf. Die Gesichter der Kinder können Sie passend zu den jeweiligen Tieren schminken (z. B. mit Kuhflecken, Federn …)

Das kleine Ich bin ich: An einen bunten Stoffüberwurf (ideal wäre rosa-weiß kariert) wird hinten ein Wollschwänzchen angenäht. Mit einem Gürtel wird er dem Kind um die Taille gebunden.
An einem Haarreifen werden Wollfransen und zwei zurechtgeschnittene Stoffstreifen („Ohren“) befestigt.

Frosch: grüne Kleidung, grüne Gummihandschuhe, grünes Haarspray (Faschingsbedarf)

Pferde: braune Kleidung, am Gürtel einen Schweif aus brauner Wolle anbinden

Kuh: ein großes weißes T-Shirt, mit schwarzen Flecken bemalt

Schaf: eine weiße Schirmmütze, mit Wattebäuschen beklebt

Ziege: Aus Pappe werden Hörner gebastelt und zusammen mit grauen Wollfäden („Haare“) an einem Haarreifen befestigt.

Fische: Müllsack-Überwurf: Am geschlossenen Ende wird eine Öffnung für den Kopf geschnitten, links und rechts zwei Löcher für die Arme. Auf dem Sack werden zurechtgeschnittene Schuppen aus Papier mit doppelseitigem Klebeband befestigt.

Theateraufführung (2) (ab 2 Jahren)

Vögel / Papagei: Für den Kopfschmuck wird ein Stirnband aus einem Pappstreifen gebastelt, an das bunte Federn festgetackert werden. Krepppapierstreifen oder Federn werden mit Bindfäden an breite Hutgummibänder (Arm- und Fußbänder) gebunden. Chiffontücher werden als Schwänze hinten in den Hosenbund gesteckt.

Nilpferd: Auf ein Käppi werden Filzaugen geklebt. Vorne am Schirm werden zwei große Zähne aus Papier oder Filz festgetackert. Das Nilpferd kann auch aus einem großen Stück Karton ausgeschnitten und bemalt werden. Das Kind trägt es dann während des Spielens vor sich her.

Hunde: braune, graue, schwarze oder weiße Kleidung, Hundeleine um den Bauch schlingen, Stoffohren an einem Haarreifen oder Stirnband befestigen

Raumgestaltung:

Dekorieren Sie den Vorführungsraum und die Bühne mit den Bastelarbeiten, den genähten Tieren, den Figuren aus dem Schattentheater, den Sockenhunden, den Bilderbuch-Collagen …

Mit großen Blumen aus Tonkarton können die Wände geschmückt werden, grüne Krepppapierstreifen können als „Dschungellianen" von der Decke hängen. Auf blauen Mülltüten können große gefaltete Boote aus Papier „schwimmen" (s. S. 33).

Lassen Sie sich bei der Gestaltung des Raumes von den Bildern im Buch inspirieren!

Hinweise:

Je nachdem, wie Sie die Aufführung gestalten, können mehrere Altersgruppen mit einbezogen werden. Die älteren Kinder können z. B. eingeübte Sprechrollen übernehmen, die 2-Jährigen zum Lied „Hopp, hopp, hopp" (s. S. 23) die Klanghölzer spielen oder als Vögel mit Chiffontüchern zur klassischen Musik durch den Raum „fliegen".

Selten gibt es Kinder, die nicht mitspielen möchten. Solchen Kindern können Sie kleine Aufgaben geben, wie z. B. das Szenenbild zu verändern oder die Buchseiten umzuschlagen. In den meisten Fällen sind Kinder jedoch stolz darauf, wenn sie zeigen können, was sie gelernt haben.

Eine wunderbare Erinnerung wäre es, wenn das Stück gefilmt werden würde. Jedes Kind sollte dann später eine eigene DVD erhalten.

Abschluss:

Nach dem Theaterstück führen die Kinder ihre Zuschauer durch den Raum und zeigen ihnen ihre Projektergebnisse. Auch der Ordner mit allen gesammelten Übungen (zur Sprachförderung, mit den Spielen, Bastelarbeiten …) sollte zur Ansicht bereitliegen. So erhalten die Gäste einen guten Einblick in das Projekt. Schön ist es, wenn auch Fotos von den unterschiedlichen Aktionen in einem Ordner oder auf einem Plakat präsentiert werden.

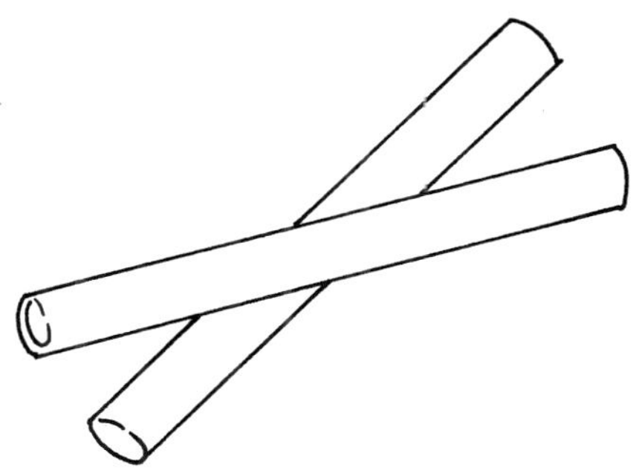

Spiel: Du bist du (ab 4 Jahren)

Spielanleitung:
Wir sitzen im Kreis, ein Platz ist leer. Das Kind links von dem leeren Platz spricht:

„Der Platz hier neben mir ist frei, ich wünsche mir den / die ________________ herbei.

Denn ______________________ hat, was mir gefällt, die *schönsten Haare* auf der Welt.“

Nun ist das nächste Kind mit einem freien Platz zu seiner rechten Seite an der Reihe. Es nennt den Namen eines Kindes und eine Besonderheit, die ihm gut gefällt.

Interview: Hier komme ich! (ab 3 Jahren)

Material:
Kopiervorlage „Hier komme ich!“ (s. S. 47), Zettelklotzpapier, Stifte, Wolle, Schere, Stempelkissen, ggf. Fotos der Kinder und Kleber

Arbeitsanleitung:
Falten Sie aus dem Zettelklotzpapier einen kleinen Umschlag und kleben Sie ihn in die linke untere Ecke der Kopie. Machen Sie es sich mit einem Kind gemütlich und helfen Sie ihm beim Ausfüllen, indem Sie ihm Fragen stellen und die Antworten notieren oder es ermuntern, bestimmte Felder selbst mit den passenden Farben, Lieblingsdingen o. Ä. auszufüllen.

Messen Sie anschließend die Körpergröße des Kindes mit einem Wollfaden, schneiden Sie diesen ab und stecken Sie ihn in den Umschlag. Mit dem Stempelkissen wird der Daumenabdruck aufgedrückt. Nachdem alle Felder ausgefüllt sind, malen die Kinder sich selbst in den kleinen Bilderrahmen oben rechts oder kleben ein Foto von sich hinein.

Tipp:
Finden Sie nicht die Zeit die Bögen auszufüllen, können Sie diese zum Wochenende als Hausaufgaben mitgeben. In der darauffolgenden Woche werden sie wieder eingesammelt und gemeinsam im Sitzkreis besprochen. Zusätzlich zu dem Steckbrief können die Umrisse der Kinderfüße jeweils auf ein Blatt nachgezeichnet und die Schuhgröße hineingeschrieben werden. Die Kinder können dieses Blatt dann ausmalen.

Lernziel:
Wie besonders jeder Einzelne ist, erleben die Kinder, wenn nach den Interviews ein Erzählkreis folgt: Kein Blatt gleicht dem anderen, jeder Daumenabdruck sieht unterschiedlich aus und nicht jeder hat dasselbe Lieblingsbuch.

Kopiervorlage „Hier komme ich!“

Hier komme ich

Datum: ______________________

Name: ______________________

So alt bin ich: ______________________

So sehe ich aus

Augenfarbe: ______________________

Haarfarbe: ______________________

Lieblingstier: ______________________

Lieblingsspiel: ______________________

Lieblingsfarbe: ______________________

Lieblingsbuch: ______________________

Lieblingsessen: ______________________

Lieblingstrinken: ______________________

Meine beste Feundin / Mein bester Freund: ______________________

Das mag ich: ______________________

Das ärgert mich: ______________________

Das kann ich schon: ______________________

Daumenabdruck

Mein größter Wunsch:

____

Briefumschlag aufkleben

Spiel: Gefühle (ab 5 Jahren)

Material:
Triangel oder Glocke

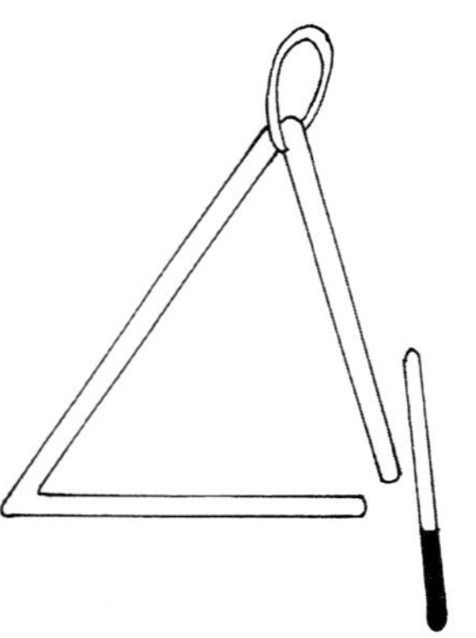

Spielanleitung:
Wir gehen kreuz und quer durch den Raum. Wenn die Triangel ertönt, bleiben alle aufmerksam stehen. Der Spielleiter flüstert einem Kind ein Gefühl oder eine Eigenschaft ins Ohr. Das Kind sagt dann z. B. laut: „Ich bin heute ängstlich!"

Daraufhin laufen die Kinder weiter und spielen das genannte Gefühl bzw. die Eigenschaft nach. Spielen Sie selbst auch mit. Übertreiben Sie mit Körpereinsatz und Mimik, das animiert die Kinder. Versuchen Sie während des Spiels, jedes Kind einmal angeschaut zu haben.
Schlagen Sie dann wieder die Triangel an und wählen Sie ein anderes Kind mit einem anderen Gefühl bzw. einer anderen Eigenschaft: „Ich bin heute stolz (müde, neugierig, suchend, fröhlich, angeberisch ...)!"
Die Kinder können auch gut ihre eigenen Ideen mit einbringen.

Spiel: Ein Kind ist verschwunden (ab 3 Jahren)

Material:
große Wolldecke

Spielanleitung:
Ein Kind geht vor die Tür, ein anderes wird in der Kreismitte unter der Decke versteckt. Dann wird das erste Kind wieder in den Raum geholt und alle sagen:

„Ein Kind ist verschwunden, es fehlt hier im Kreis.
Jetzt musst du erraten, wer es ist und wie es heißt."

Kommt das Kind nicht darauf, wer fehlt, können die anderen Kinder ihm helfen. Entweder geben sie ihm Tipps, wie z. B.: „Das verschwundene Kind trägt gerne rote Hosen, hat eine große Schwester und immer Weintrauben in der Brotdose."
Alternativ kann das Ratekind dem Kind unter der Decke verschiedene Fragen stellen.

Erweiterung:
Zwei Kinder gehen vor die Tür und zwei andere Kinder verstecken sich unter der Decke. Bevor die beiden Kinder wieder in den Raum geholt werden, tauschen alle ihre Plätze. So wird der Schwierigkeitsgrad erhöht und das Spiel noch spannender.